COLEÇÃO ARQUITETOS DA CIDADE
APIACÁS

Alexandre Benoit (org.)

**editora
escola
da cidade**

NOTA DOS EDITORES

Arquitetos da Cidade é uma série editorial – parceria entre Escola da Cidade e Sesc São Paulo – dedicada a escritórios brasileiros que se destacam no enfrentamento dos desafios inerentes à cidade contemporânea. Arquitetos cujas ações nunca perdem a oportunidade de concretizar uma gentileza urbana, ou seja, de qualificar o espaço público com ações positivas. Para esse grupo de arquitetos, certamente é na cidade que reside seu maior interesse, independentemente do que estejam a desenhar. Não por acaso, todos os presentes nessa série estão fortemente ligados à educação – professores universitários que dividem seu tempo entre a prática e o ensino.

Arquitetura é arte complexa: determina o desenho da paisagem, urbana ou não, influi nas relações sociais, qualifica os espaços para as pessoas. É em geral fruto do trabalho coletivo, de muitas disciplinas, de muitos saberes. Por sua vez, a relação entre arquitetura e cidade tem sido o grande tema que a cerca. Fazer cidade, no sentido da qualificação da vida urbana. O enfrentamento dos grandes problemas urbanos que as cidades americanas trouxeram, com seu crescimento explosivo e desigual. O arquiteto hoje se lança sobre essa realidade, concentra seus esforços sobre problemas que, não raro, se apresentam como insolúveis em sua complexidade.

A profusão crescente, quase explosiva, de imagens e vídeos pela internet tornou o universo da arquitetura mais acessível. O que é positivo, não há dúvida. Por outro lado, a conexão das imagens com o percurso e com a coerência do trabalho de um determinado arquiteto diluiu-se. Nesse sentido, a publicação de uma seleção de projetos a partir de um olhar curatorial, incluindo textos, entrevistas, croquis e detalhes construtivos, permite uma aproximação efetiva à poética de cada escritório. Projetos autorais, quando vistos em conjunto, expõem um percurso, sempre marcado por buscas, desejos, experimentações.

Este volume traz o trabalho do escritório Apiacás Arquitetos, que pela primeira vez apresenta seu trabalho reunido em publicação específica. Organizado por Alexandre Benoit, conta com colaborações de Ciro Pirondi e Rosa Artigas, além de entrevista com Anderson Freitas, Acácia Furuya e Pedro Barros, que coordenam o escritório.

EDITORA ESCOLA DA CIDADE
EDIÇÕES SESC

Página ao lado: Estúdio Madalena. São Paulo, SP, 2013.
Página 2: Fábrica Macunis. São Paulo, SP, 2023.
Páginas 8 e 9: Casa em Vinhedo. Vinhedo, SP, 2013.

7   Depoimento
      Ciro Pirondi

10   Outros percursos
      Rosa Artigas

14   Arquitetura como ofício
      Alexandre Benoit

20   Sesc Franca
      Franca, SP, 2013 (em andamento)

28   Sesc Governador Valadares
      Governador Valadares, MG, 2022

38   E. E. Parque Dourado V
      Ferraz de Vasconcelos, SP, 2006-2008

46   Casa Juranda
      São Paulo, SP, 2006-2008

54   Bar Mundial
      São Paulo, SP, 2012-2013

64   Estúdio Madalena
      São Paulo, SP, 2013-2014

74   Centro Cultural
      Paraty, RJ, 2014

82   Casa Serra Azul
      Itupeva, SP, 2018-2022

90   Fluminense Football Club
      Rio de Janeiro, RJ, 2022 (em andamento)

99   Entrevista
      Alexandre Benoit e Luciano Margotto

108   Fichas técnicas

DEPOIMENTO

CIRO PIRONDI

Quando o afeto é o principal fio condutor de uma escrita, talvez a poesia seja a mais adequada linguagem para solucionar o texto.

Pedro Barros e Anderson Freitas são meus amigos desde jovens. Mais velho, eu os via chegar no Instituto dos Arquitetos – IAB – em palestras, festas e eventos, em nossas "reuniões" no Bar Balcão após o retorno das aulas da Braz Cubas. Sempre presentes e atuantes em tudo: seminários; bienais; lutas políticas...

Fundaram o escritório de arquitetura Apiacás – em tupi: pessoa, gente, homem, nada mais significativo –, hoje um dos mais representativos na produção brasileira. Concursos ganhos, belos projetos, e após a entrada de uma nova parceira na equipe, a arquiteta Acácia Furuya, somaram coragem e competência para enfrentar a construção dos seus próprios projetos, fato exemplar e raro no ofício da arquitetura.

Por escolha do Mestre, trabalharam em parceria com o arquiteto João Filgueiras, o Lelé, arquiteto de um rigor técnico e estético dos mais importantes do século XX. Também estiveram na Brasil Arquitetura de Marcelo Ferraz, Marcelo Suzuki e Francisco Fanucci.

Pedro e Anderson embarcaram, desde o princípio, na construção da "Nau" Escola da Cidade, onde até hoje participam desta experiência coletiva. Ambos como professores e Anderson ainda como diretor do Conselho Ecossocioambiental.

Em momentos difíceis de sua atuação, mantiveram o ideal e a lealdade para com os amigos. Continuam, e por certo continuarão por muito tempo, fazendo do seu ofício alavanca de transformação social.

Aos amigos do Apiacás, as últimas palavras desse depoimento entrego ao divino Fernando Pessoa: "Tudo o que em mim sente está pensando".

Ciro Pirondi, arquiteto, diretor da Fábrica Escola de Humanidades, tem escritório próprio desde 1983.

OUTROS PERCURSOS

ROSA ARTIGAS

"Toda felicidade é memória e projeto."
Cacaso[1]

Foi um espanto receber o convite para escrever sobre a obra do escritório de arquitetura Apiacás Arquitetos neste livro publicado pela editora do Sesc São Paulo e pela Escola da Cidade, instituição de ensino na qual encerrei minha carreira de professora de história da arquitetura moderna em 2010. Ao abandonar a docência também fui aos poucos me desligando do olhar crítico sobre a produção recente da arquitetura. Sobrou um leve interesse pelas novidades que eu posso ver nos lugares que frequento na minha cidade de São Paulo, que hoje tem uma produção vertiginosa de demolições e construções perpetradas pela especulação imobiliária.

Aceito o desafio, começo esta prosa lembrando do tempo em que conheci essa moçada que fundou o Apiacás. Editávamos o famoso e esgotado "livro azul" de Vilanova Artigas, que foi o segundo volume da coleção sobre a obra de arquitetos brasileiros publicada pelo Instituto Bardi. Na equipe de pesquisa e edição do livro havia alguns estudantes de arquitetura do Mackenzie e da FAU-USP. Foi quando conheci o Giancarlo

Latorraca, um dos fundadores do escritório. Mais tarde, Gian se desligou da sociedade para trabalhar como curador do Museu da Casa Brasileira, em São Paulo.

Nessa época vivíamos o renascer da vida política e cultural com o fim do período da ditadura civil-militar que se esvaiu no final da década de 1980. Nos anos que se seguiram, a democracia, ainda frágil, possibilitou a escolha do primeiro presidente eleito por voto direto depois de quase trinta anos, Fernando Collor, que, no entanto, não terminou o mandato devido a um difícil processo de impedimento, acompanhado pela crise econômica e inflacionária que já se arrastava desde a ditadura e que só foi debelada com alto custo para o povo brasileiro.

Nas universidades houve o eco da crise que levou ao fim da ditadura, e a geração de estudantes que se formou nos meados dos anos 1980 viveu com intensidade a transição democrática: assistiu e participou dos movimentos pela anistia dos presos, exilados e perseguidos políticos pelo regime de exceção; da campanha pelas "Diretas Já", que exigia a volta das eleições para os cargos executivos de prefeitos, governadores e presidente da República.

Na Faculdade de Arquitetura e Urbanismo da Universidade de São Paulo – FAU-USP, lembro aqui de alguns acontecimentos que podem interessar a este breve relato: em 1980, por meio de ações promovidas por alunos ligados ao grêmio estudantil e por alguns professores, houve o retorno dos três professores afastados pela ditadura. Vilanova Artigas, Paulo Mendes da Rocha e Jon Maitrejean, quando foram aposentados compulsoriamente em 1969, eram os mestres do Departamento de Projeto que tinham conduzido a reforma de ensino de 1962, que instituiu o trabalho final de graduação – TGI ou TFG – e os ateliês multidisciplinares na grade de formação dos futuros arquitetos. Mais tarde, em 1968, esses mesmos mestres foram protagonistas das inflamadas discussões do Fórum da FAU, que tinha o objetivo de rever criticamente o ensino de arquitetura e urbanismo diante da realidade brasileira. Porém, diante do recrudescimento da ditadura, com o decreto do Ato Institucional nº 5, em dezembro de 1968, as teses apresentadas no fórum se radicalizaram, chegando a questionar o próprio conceito de projeto/desenho na prática da arquitetura e do urbanismo.

Quando voltaram à docência, em 1980, os três professores encontraram os estudantes e parte dos professores mobilizados para rever o significado da arquitetura durante os anos de chumbo, principalmente daqueles programas voltados para os edifícios públicos e para o urbanismo no final do regime de exceção, que inspiravam os trabalhos de encerramento do curso. Essa geração de formandos, sob orientação de Vilanova Artigas e de Paulo Mendes da Rocha, saiu da universidade com ideias renovadas e com o fôlego otimista para multiplicar o que aprendeu nos poucos anos de convivência com os mestres. Recém-formados, tornaram-se multiplicadores, atuando como docentes em escolas de arquitetura particulares, no interior do estado de São Paulo: Santos, Guarulhos, Mogi das Cruzes, Taubaté.

E foi na Unitau – Faculdade de Arquitetura de Taubaté, cidade do interior do estado de São Paulo, no vale do Paraíba – que se formaram os outros dois sócios do Apiacás Arquitetos: primeiro, o Anderson Freitas e, um pouco depois, o Pedro Barros. Ambos foram alunos daquela geração de jovens docentes vindos, principalmente, da FAU-USP. Com essa formação, começava um percurso profissional inédito, que configurou a arquitetura produzida pelo Apiacás.

Anderson Freitas, o primeiro a se formar em Taubaté, cidade que fica no meio do caminho entre Rio de Janeiro e São Paulo, foi para o Rio trabalhar com José Zanine Caldas, designer e arquiteto autodidata, que também tinha ligações antigas com o vale do Paraíba, já que foi em São José dos Campos que Zanine montou sua primeira fábrica de móveis, no final dos anos 1940. Do Rio, Anderson veio para São Paulo, para trabalhar no escritório Brasil Arquitetura, de Marcelo Ferraz, Francisco Fanucci e Marcelo Suzuki, que pertenciam àquela geração de jovens arquitetos formados na FAU à qual nos referimos. No entanto, em vez de seguir a orientação do grupo de Paulo Mendes e Artigas, foram influenciados por Lina Bo, que os recebeu em seu escritório, primeiro como estagiários, depois como colaboradores. Lina, como é sabido, trouxe uma contribuição bastante pessoal para a arquitetura brasileira ao buscar na cultura popular os elementos para a fatura de sua arquitetura.

Mas não param aí os percursos distintos do escritório Apiacás. A começar pela localização e pelo nome do escritório. Os sócios foram parar no Sumaré,[2] no ponto mais alto do espigão da Paulista, no oeste da cidade, bem distante da arquitetolândia na Vila Buarque, no centro de São Paulo. Daí o nome da sociedade: Apiacás é o nome da rua onde ficava o primeiro estúdio, e, embora estivesse na moda nomear os escritórios com nomes tirados da língua tupi, parece que a inspiração dos jovens arquitetos foi outra. Foi a memória do lugar que lhes deu o nome, inspiração que pôde ser confirmada quando, mais tarde, com a sociedade já estável, abriram uma pequena construtora chamada Aimberê, nome de outro logradouro do mesmo bairro.

No começo do novo milênio, no final de 2001, houve a inauguração do Instituto Tomie Ohtake e fui convidada, junto com Glória Bayeux, para fazer uma videoinstalação sobre arquitetura brasileira. Precisávamos de gente para ajudar no layout e na pesquisa. Recorri aos jovens do Apiacás, que havia conhecido durante os trabalhos do "livro azul". Nesse tempo, também convivia com eles quando dávamos os primeiros passos do projeto pedagógico que deu origem à Faculdade de Arquitetura Escola da Cidade.

Quando, em 2005, Ruy Ohtake desenhou a exposição/homenagem a Vilanova Artigas, que foi realizada no Instituto Tomie Ohtake, de novo recorri aos trabalhos dos "meninos" do Apiacás ao indicar o escritório para fazer o layout e a montagem da mostra. Nessa época, o escritório já contava com novo sócio, o Pedro Barros, também taubateano com passagem pelo escritório Brasil Arquitetura. Giancarlo Latorraca, por sua vez, saía da sociedade para uma carreira solo.

Ao mesmo tempo, chegava a Acácia Furuya, ainda como colaboradora. Mais tarde se associou. Ela vinha da USP, mas do Instituto de Arquitetura de São Carlos, no interior paulista, e trazia experiência diferente dos mestres da FAU e de seus jovens discípulos de Taubaté. Acácia trouxe a experiência, no âmbito teórico, da relação da arquitetura com o canteiro de obras, vertente que também se originou no Fórum de 1968 da FAU-USP.

A importância do canteiro de obras no trabalho do Apiacás se consolidou com a preciosa convivência com o arquiteto João Filgueiras Lima, o Lelé. Em 2004, através de indicação do Brasil Arquitetura, o escritório começou a colaborar com Lelé, desenvolvendo projetos executivos para um hospital em São Carlos e, em seguida, para uma série de equipamentos urbanos na cidade de Campinas, no interior de São Paulo.

Essa colaboração, que inicialmente estava voltada para a adaptação do projeto pensado para os pré-moldados realizados pela fábrica de Lelé para o canteiro convencional, trouxe uma questão importante sobre a pesquisa das técnicas construtivas. A possibilidade de desenvolver parte dos componentes da obra no canteiro permitiu a superação da antiga oposição teórica entre canteiro e desenho que vinha desde os antigos debates da FAU, no Fórum de 1968, como lembramos de passagem no início deste texto. No fundo, se tratava de reconhecer o conflito que existe entre o pensar e o fazer que tanto incomoda os que lidam com projetos, em qualquer área do conhecimento.

A iniciativa de criação de uma empresa construtora, a Aimberê, faz parte desse desejo de concentrar o desenho e a obra numa experiência única que só é possível, é bom que se reforce, no domínio quase artesanal, da obra isolada. O salto para a resolução das necessidades sociais do âmbito da quantidade para a qualidade ainda pede uma resposta que talvez possa nascer de alguns caminhos alternativos, fora dos roteiros traçados por modelos tradicionais. A história dirá.

A tecnologia, embora seu extraordinário desenvolvimento nestes últimos anos, parece não estar destinada a resolver facilmente as necessidades humanas, os mais básicos e gigantescos problemas sociais. No momento, o pensamento crítico se equilibra num presente perpétuo, esgueirando-se pelos caminhos de uma razão funcionalista. Mas nem tudo que funciona é belo. Nem tudo que funciona é bom.

Resta encontrar nos projetos apresentados neste livro o modo como os caminhos trilhados pelos arquitetos do Apiacás se consolidaram na sua arquitetura e na vida das gentes que vivem nela. Houve uma escolha nesta publicação. Foram selecionados nove projetos, o mais antigo de 2006 e o mais recente de 2022, uma pequena amostra do currículo profissional de um escritório já consolidado e maduro. A seleção parece ter se empenhado em destacar obras de uso público – os dois Sesc, um centro cultural, uma escola, um clube de futebol –, mas também acolheu uma diversidade de programas representada por casas, comércio e estúdio, formando uma apresentação bastante vigorosa de invenção técnica e projetual.

O convite para escrever este pequeno texto me trouxe de volta às reflexões sobre a arquitetura e a cidade. Mas, como os tempos hoje são acelerados e o presente é efêmero, a apreensão das mudanças profundas que o mundo, e o Brasil especialmente, viveu nestes anos recentes foi difícil. A globalização e o desenvolvimento tecnológico, principalmente na área das comunicações humanas e das linguagens, fazem com que o tempo se torne cada vez mais fugaz. Até mesmo a arquitetura, que tem um tempo próprio, necessário para elaboração do projeto e construção do objeto, responde por mudanças instantâneas e múltiplas que são visíveis na fisionomia da cidade. Não me reconheço mais nos lugares que indicavam os caminhos, as referências espaciais inspiradas pela memória. Foi pensando nisso que me lembrei de um texto de Flávio Motta:[3]

> A casa, no caso, é a casa da Ana Maria. Fica a frase entre o título e a narrativa, sem ser subtítulo, porque já posso adiantar que era uma casa de esquina, lá na minha rua. Está sendo demolida. Não pensem que era um raro exemplar de arquitetura. Nada disso. Para ter uma ideia da casa, que me livre da descrição direta, direi que Ana Maria era muito amiga de minha irmã.[4]

Adiante, no texto, Flávio também explica que para ver a cidade é indispensável andar, relacionar, saber chegar e ver com os olhos da história e da sociedade "por essas dimensões do tempo existente na capacidade social das transformações".[5]

Hoje, lugares que conhecíamos, por onde andávamos, nossos pontos de referência, a memória das coisas, foram substituídos pelo mapa eletrônico que, por meio de uma voz de robô, indica em que esquina devemos virar, à esquerda ou à direita, numa certa rua ou avenida de nome ignoto. Talvez antes o local até fosse reconhecível porque era perto da "casa de Ana Maria", no caminho da nossa escola, depois daquela padaria, no bairro dos imigrantes, na margem de rio agora canalizado. Como parte das referências foi apagada com as marretas do *boom* da construção civil, resta aceitar a ajuda desinteressada e líquida dessa Alexa genérica que mora no telefone celular.

Então, ao voltar aos livros de arquitetura e seus projetos, me dei conta de que essa leitura abstrata sobre a cidade promovida pelo esvaziamento da memória do vivido e pelo encanto das novas tecnologias se reflete na análise crítica das arquiteturas. Isso se evidencia quando percebemos que os textos descritivos das obras dizem muito sobre seus sistemas construtivos e muito pouco sobre os programas, sobre os clientes, as pessoas que vão usar e viver naqueles espaços. No fim, parece que casas, escolas, clubes, espaços culturais são feitos da mesma matéria da qual não fazem parte as necessidades e os desejos da sociedade.

Finalmente, sem história e sem memória, a cidade se torna abstrata e a crítica da arquitetura, funcionalista. Ana Maria não importa mais. Sua casa talvez tenha se transformado num prédio com apartamentos mais inteligentes do que as pessoas que moram neles. Os novos modos de viver conduzem ao anacronismo as relações entre arquitetura, sociedade e história.

É preciso resistir.

Rosa Artigas, maio de 2023.

Rosa Camargo Artigas é historiadora e escritora. Coordenou a pesquisa para os eventos do "Centenário de Vilanova Artigas", pelos quais recebeu o prêmio "melhores de 2016" da Associação Paulista de Críticos de Arte. Em 2019 publicou o livro *Virgínia Artigas: histórias de arte e política*, uma biografia afetiva sobre sua mãe.

---

1 Cacaso (Antônio Carlos de Brito): poema "Cinema mudo", do livro *Grupo escolar*, publicado em *Poesia completa*, São Paulo: Companhia das Letras, 2020, pp. 127-31.
2 O "espigão da Paulista" estende-se por treze quilômetros no sentido sudeste, desde o bairro de Perdizes até o de Jabaquara. A região do Sumaré, bairro de São Paulo onde ficam as ruas Apiacás e Aimberê, é a área mais alta da formação montanhosa localizada a mais de oitocentos metros de altura do nível do mar.
3 Flávio Motta, "A casa", em *Textos informes*, São Paulo: FAU-USP, 2ª ed. ampliada, 1973, pp. 8-9.
4 *Ibidem*, p. 8.
5 *Ibidem*, p. 9.

ARQUITETURA COMO OFÍCIO

ALEXANDRE BENOIT

A casa Juranda e o Estúdio Madalena logo chamaram atenção no panorama da arquitetura paulista. Se aquela apresentava uma inventiva solução para um estreito e difícil lote, o segundo redesenhava a topografia do lugar como embasamento sobre o qual um novo volume era posicionado. Nessas obras a organização do espaço estava em evidência ao problematizar a ocupação do solo urbano e a relação entre interior e exterior.[1]

Contudo, o Apiacás Arquitetos tinha uma preocupação bem mais modesta de responder a um programa compacto e a um orçamento exíguo. Nesse sentido é que se apresenta o traço marcante do escritório: uma prática baseada na estreita relação entre projeto e soluções desenvolvidas no canteiro que voltam para a prancheta, sendo constantemente reelaboradas enquanto sistemas construtivos que alimentam então novos projetos.

Embora tenham sido alunos da geração que iniciou a retomada da Escola Paulista,[2] o convívio com Zanine e, depois, com a Brasil Arquitetura – e assim com as ideias de Lina Bo Bardi – permitiu a eles cultivar também um interesse pelo universo popular e por um mundo à margem daquele estritamente industrial.

Em seu começo, o Apiacás se relacionou ainda com João Filgueiras Lima, o Lelé, ao adaptar os projetos desenvolvidos no Centro de Tecnologia da Rede Sarah Kubitschek (CTRS) para um canteiro convencional.[3] Administravam a passagem de um desenho com o máximo controle, a serviço de uma produção racional e seriada, a outro, da licitação pública, em que prevaleciam o menor preço e componentes disponíveis no mercado. Foram três unidades hospitalares no interior de São Paulo.[4]

Ainda que não fosse claro para eles, essa mescla formativa, como a origem longe dos círculos mais elitizados da cultura arquitetônica paulistana, acabou por conferir traços singulares ao escritório. Foi sendo aberta uma investigação própria sobre o projeto enquanto sistema inter-relacionado à produção, formando um entendimento prático da arquitetura.

CONSTRUÇÃO COMO SISTEMA
O uso do painel pré-fabricado de concreto é o exemplo mais marcante dessa busca. A versatilidade que o escritório encontra nessa peça é como aquela sabedoria popular que vê na lata de óleo usada o potencial de um novo utensílio, como caneca ou lamparina.[5] Se, no caso da lata, um objeto industrial descartado é reciclado, aqui, um componente do mercado da construção mais banal é posto em evidência, por meio de uma ação de projeto.

Composto de uma fina placa de concreto, com cerca de três centímetros de espessura e treliçado em ferragem comum, o painel é conhecido como "laje treliçada", uma espécie de "arquitetura de prateleira", dada sua semelhança com os componentes e acabamentos que são comercializados no varejo da construção civil.[6] Seu emprego mais frequente dispõe várias peças em sequência, servindo como fôrma para a concretagem, com a diferença de que, após a cura da laje, o painel permanece revestido ou exposto. É assim, aliás, que aparece na casa Juranda, obra em que o escritório participou diretamente de todas as etapas do canteiro.

A subversão veio no Bar Mundial. Nele, a construção devia ser rápida e de baixo custo, já que o bar tinha de ficar pronto para a Copa do Mundo de 2014. Decidiram, então, combinar a estrutura metálica com os painéis dispostos de duas maneiras: na vertical, em dupla – formando um colchão de ar –, como fechamento; e na horizontal, em seu uso convencional, como laje. Essa solução não apenas permitia ganhar tempo, como gerava uma versatilidade para as aberturas, que foram resolvidas com vidro fixo na modulação das placas.[7]

O sistema seria replicado em outro projeto, o Estúdio Madalena. Nele, os painéis duplos voltaram como lajes ocas, dispensando a concretagem e o tempo de cura, resultado direto do aprendizado com a obra do Bar Mundial, quando se notou que a resistência mecânica dessas peças era muito alta.

No Estúdio Madalena, a estrutura metálica garantiu a montagem rápida da ossatura e a laje pré-moldada entrou como fechamento horizontal, vertical e contenção do arrimo. É curioso como a coerência e a simplicidade do resultado final reavivam a *Maison Dom-ino*, que Le Corbusier transformaria em imagem icônica do sistema de fabricação de casas em série, resposta ao problema social das grandes cidades.[8]

Os sucessivos ensaios levaram o escritório a desenhar a sua própria fôrma, como a prototipá-la em busca de um painel com melhor desempenho. Antes de fazerem um memorial de cálculo da peça, a testaram empiricamente no canteiro, com a equipe subindo nela, operação que ilustra o modo de projetar do grupo, totalmente vinculado à prática da construção. Em grande medida essa experiência reproduzia o método de projeto de Lelé, e representava a ideia de aperfeiçoar o desenho da peça a ponto de substituir o componente oferecido pelo mercado por outro mais eficiente – o que faziam, diga-se de passagem, sem nenhum interesse financeiro.[9]

Houve também casos que reforçaram o interesse por esse caminho a partir de seu contrário. Na residência Itahye, a estrutura foi feita em concreto moldado in loco. Com um resultado plástico inquestionável, causou incômodo no grupo constatar o desperdício e a irracionalidade resultantes desse modo de construir. Para o escritório, as vantagens do canteiro seco que vinham sendo ensaiadas com a laje pré-moldada aliada à estrutura metálica se tornaram ainda mais claras.

No concurso para um centro cultural em Paraty, o painel aparece, pela primeira vez, em um projeto de maior porte. Essa obra não realizada testemunha a bem-sucedida transposição de escala, como a consolidação do uso do componente relacionado a um sistema mais amplo, que soma, além do aço como ossatura, a madeira para a cobertura. Essa articulação permitiu ampliar o campo de pesquisa ao promover inversões quanto ao uso corrente dos materiais.

Não se trata de um simples arranjo de texturas ou revestimentos, já que os materiais são empregados em sua forma mais austera e construtiva – como estrutura, fechamento e cobertura –, e sim de uma espécie de articulação tectônica, se quisermos recorrer a um conceito de Kenneth Frampton.[10]

A admiração pela materialidade da arquitetura tem a ver com o respeito que os arquitetos do Apiacás têm pelo ofício da construção.

A busca por uma condensação tectônica nos remete ainda a Carlo Scarpa,[11] figura que Anderson Freitas passou a admirar depois de visitar a loja da Olivetti em Veneza e o museu Castelvecchio, em Verona. A abertura a esse universo tem como filtro incontornável o estudo anterior dos projetos de Lina Bo Bardi, como o Sesc Pompeia, em que a arquiteta articulava o novo às preexistências da antiga fábrica de tambores.

Na medida em que o Apiacás não se arrisca a simular um historicismo onde não há, tal jogo de materialidades tem como ponto de partida a realidade que nos cerca. Por outro lado, se olharmos suas obras atentamente, quase impossível não pensar que, afinal, o escritório persegue uma espécie de sincretismo entre as ideias de Lina, o aprendizado na Brasil Arquitetura – quando Anderson Freitas e Pedro Barros acompanharam o desenvolvimento do Bairro Amarelo em Berlim[12] – e a lógica construtiva desenvolvida por Lelé.

INTERVALOS E DESLOCAMENTOS

A materialidade das obras do Apiacás não existe sem sua dimensão espacial. O espaço é dinâmico, seja com sutis operações – como a elevação do edifício a alguns centímetros do chão –, seja a partir das variações de aberturas, vãos e fechamentos, seja pela cuidadosa implantação. Com o tempo, nota-se que os volumes originalmente compactos de seus projetos, como a casa Juranda ou o Estúdio Madalena, vão gradualmente se expandindo. A dissolução de uma coesa volumetria se apresenta como rearticulação fluida, a partir de intervalos e deslocamentos, caso do centro cultural de Paraty.

Nesse projeto a matriz de implantação é a forma pátio, alusiva ao casario do vilarejo. As qualidades desse urbanismo colonial peculiar são reconhecidas e assimiladas na investigação quanto à relação entre interior exterior. O bloco anelar que conforma os limites da quadra é, no entanto, recortado por aberturas que delimitam volumes variados. A unidade somente se reestabelece por meio da cobertura, que paira, íntegra, acima das partes.

Se o centro cultural não chega a ser construído, essa investigação ganha continuidade direta na casa Serra Azul.

A moradia tem uma cobertura de madeira sob a qual o programa se reparte, ao redor de um vazio central, em volumes ora abertos ora fechados com painéis de concreto e panos de vidro. Aqui a dimensão do ofício aparece também em caprichosos detalhes, como o pilar de concreto que, ao interligar-se à cobertura, se abre em flor a partir de junções de madeira.

No pequeno pavilhão do Una, em São Sebastião, a construção é solta do chão, e, como toda ela integra-se à densa mata, mais uma vez é inconfundível a intenção de articular os materiais como de diluir os planos compactos, sejam fechamentos horizontais ou verticais.

Nas duas residências construídas pelo escritório em Prumirim, a difícil localização em meio à Mata Atlântica exigia poucos pontos de contato com o solo. Assim, as casas se desenvolvem em vários pisos, de modo que os deslocamentos e intervalos apareçam enquanto articulação vertical do programa, explorando as aberturas e vazios.

Tal raciocínio ganha nova escala no Sesc Governador Valadares, onde o programa é identificado e setorizado em partes autônomas que se interligam pelo eixo de circulação principal, resultado que parece ecoar uma variante do centro cultural de Paraty, mas com uma situação urbana diversa – um terreno com apenas um acesso para a rua – e que exige um maior adensamento vertical do programa.

URBANIDADE NECESSÁRIA

O caminho da pequena para a grande escala, como dos componentes seriados para o sistema integral modular ou ainda das temperaturas visuais à materialidade do espaço e sua fluidez, resulta em uma relação franca entre interior e exterior, promovendo uma ação democrática de abertura para a cidade, ou ainda de contato com a natureza.

No projeto para a E. E. Parque Dourado V, de 2006, trabalhando com o restritivo sistema da FDE, os arquitetos do Apiacás sinalizam um partido decididamente urbano – a constituição de uma praça onde antes era um terreno baldio – prolongando-se em percurso até o acesso à escola por uma passarela.[13] Atentos à tradição da arquitetura escolar pública brasileira,[14] desenvolvem o interior da Parque Dourado com um sentido coletivo e urbano, por meio das circulações avarandadas e do pátio como anfiteatro sem fechamentos.

1. Pavilhão do Una, São Sebastião.
2. Primeira casa em Prumirim.
3. Segunda casa em Prumirim.

Outro projeto do início do escritório, o Sítio Mirim, em Ermelino Matarazzo, tinha o objetivo de preservar as ruínas de uma casa bandeirista do século XVIII. Em parceria com o arquiteto Marcos Cartum, o Apiacás promoveu uma reconfiguração do lugar a partir de uma marquise que protege as ruínas e sombreia o entorno, então imaginado como praça, que tira proveito do desnível do terreno e recupera para o visitante a ideia da implantação original da construção histórica.

No Sesc Franca, em parceria com o SIAA, dentro e fora se integram segundo os usos recreativos da unidade, do mesmo modo que a chegada principal acontece no vértice do edifício, isto é, na esquina da quadra. Esse ponto nodal incide diretamente no desenho do passeio, irradiando a diversidade programática do Sesc para o seu entorno.

No projeto mais recente do escritório, o Plano Diretor para o centenário clube do Fluminense, duas esplanadas são abertas como eixos de circulação estruturantes, uma interna ao clube e outra que representa o redesenho da chegada ao estádio, a partir de um rebaixamento do acesso como praça semienterrada. Esse partido, sobretudo pela nova conexão com a cidade, promove uma reparação à abertura da rua adjacente ao estádio que, ainda nos anos 1950, gerou uma situação urbana segregadora. A qualidade urbana da proposta foi prontamente reconhecida pelos órgãos públicos de patrimônio, que já o aprovaram.

Mesmo em projetos de caráter privado, o Apiacás firma posição em defesa de uma urbanidade necessária, como é o caso exemplar do já citado Estúdio Madalena. Nesse projeto o embasamento refaz e amplia a cota da rua, configurando o lugar como hipotético mirante de onde se vê a paisagem de São Paulo. Acima dele, o bloco é delicado, deixando evidente a diferença em relação ao entorno imediato, assumindo uma função quase pedagógica sobre um outro modo de se desenhar a cidade.

1 Sobre o Estúdio Madalena, ver *Revista AU*, São Paulo: 2015, n. 251, p. 31; sobre a casa Juranda, ver Fabio Valentim (org.), *Um guia de arquitetura de São Paulo: doze percursos e cento e vinte e quatro projetos*, São Paulo: Editora Escola da Cidade / WMF Martins Fontes, 2019, pp. 322-3.
2 A chamada geração Sevilha, em menção ao concurso para o pavilhão homônimo. Ver Fernando Serapião, "Sem tempo de ter medo: de Artigas aos coletivos", em Fernando Serapião; Guilherme Wisnik, *Infinito vão: 90 anos de arquitetura brasileira*, São Paulo: Editora Monolito, 2019, pp. 166-77.
3 Giancarlo Latorraca (org.), *João Filgueiras Lima, Lelé*, Lisboa: Editorial Blau, 1999, pp. 199-202.
4 Hospital Universitário da UFSCar, em São Carlos, e duas unidades de pronto-atendimento em Campinas, a UPA Dr. Sérgio Arouca e a UPA Carlos Lourenço.
5 Lina Bo Bardi, *Tempos de grossura: o design no impasse*, São Paulo: Instituto Lina Bo e P. M. Bardi, 1994.
6 Como observou Luciano Margotto; ver entrevista neste volume.
7 "O que a gente faz é uma subversão de um sistema que já existe no mercado, uma tecnologia já presente nos nossos pátios de construção civil", *Revista AU*, São Paulo: fev. 2015, ano 30, n. 251, p. 31.
8 Le Corbusier, *Por uma arquitetura*, São Paulo: Perspectiva, 2000 (1923), pp. 162-4.
9 "Não tem por que a gente patentear isso: a graça é que o sistema se torne popular, que as pessoas comecem a copiar mesmo", diz Anderson Freitas em *Revista AU*, São Paulo: fev. 2015, ano 30, n. 251, p. 34.
10 Kenneth Frampton, *Studies in tectonic culture: the poetics of construction in nineteenth and twentieth century architecture*, Londres: MIT Press, 1995.
11 Ibidem, pp. 299-334.
12 No projeto para requalificação do Bairro Amarelo (Berlim, 1997), "o desafio era construir um novo universo significativo" retomando "o discurso que vem pautando a obra do escritório desde o início, um discurso de frases e citações da arquitetura, da história e da cultura brasileiras nos seus diferentes tempos e matizes, inclusive o popular e o vernacular". Francisco Fanucci; Marcelo Ferraz, *Brasil Arquitetura*, São Paulo: Cosac Naify, 2005, p. 52.
13 Partido que mereceu destaque na época. Ver Simone Sayegh, "Educação em meio à praça", *Revista AU*, São Paulo: jan. 2009, ano 24, n. 178, pp. 24-9.
14 Tradição esta que remonta ao início da arquitetura brasileira, a nomes como Diógenes Rebouças e Hélio Duarte, mas que aqui dialoga diretamente com o partido desenvolvido por Vilanova Artigas nas escolas de Itanhaém e Guarulhos ao transformar o corredor em galeria aberta e eliminar os volumes soltos em favor de uma estrutura compacta sob uma mesma cobertura. Ver Carlos Ferrata, *Escolas públicas em São Paulo (1960-1972)*, dissertação de mestrado, FAU-USP, São Paulo: 2008.

Alexandre Benoit, arquiteto formado na FAU-USP, mestre e doutor na mesma instituição, é pesquisador no GHIPARQ/FEC-Unicamp e professor na Escola da Cidade. Foi cocurador da exposição *Arquitetura de exceção: O pavilhão do Brasil na Expo'70 Osaka*.

SESC FRANCA

FRANCA, SP, 2013 (EM ANDAMENTO)
COM SIAA

O caráter público do Sesc estimula a criação de um espaço que tenha acentuado valor urbano, além de ser indutor do desenvolvimento de seu entorno: arquitetura como elemento de construção da cidade.

O edifício existe a partir do vazio construído. Nesse espaço negativo se situam aqueles usos que podem se somar à circulação, potencializando as passagens como lugar de convívio e encontro. A isso são acrescidas as circulações abertas – passarelas e escadas –, que multiplicam as possibilidades de percursos pelo edifício, articulando os diversos níveis e programas.

Na cota mais alta estão o campo de futebol society e a quadra poliesportiva, no nível intermediário, uma grande área ajardinada, e no pavimento seguinte, as piscinas descobertas e o solário. Cada um dos três patamares é desenhado em continuidade aos pisos internos, promovendo uma extensão entre os programas posicionados dentro e fora do edifício.

Mais do que apenas a continuidade física entre o edifício e seu pátio, a transparência da construção, mediada por telas metálicas de sombreamento ou por vidros protegidos por beirais, revela a integração visual do edifício com o seu entorno.

24

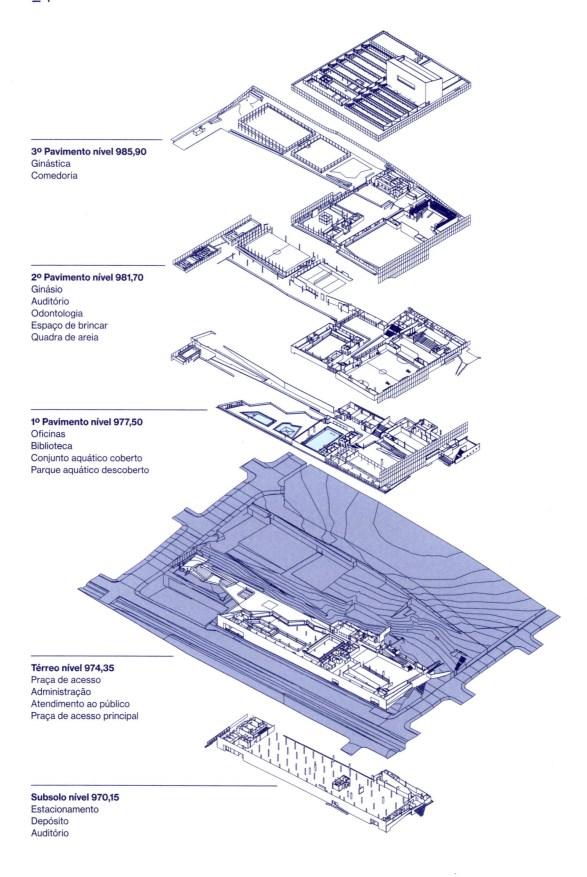

3º Pavimento nível 985,90
Ginástica
Comedoria

2º Pavimento nível 981,70
Ginásio
Auditório
Odontologia
Espaço de brincar
Quadra de areia

1º Pavimento nível 977,50
Oficinas
Biblioteca
Conjunto aquático coberto
Parque aquático descoberto

Térreo nível 974,35
Praça de acesso
Administração
Atendimento ao público
Praça de acesso principal

Subsolo nível 970,15
Estacionamento
Depósito
Auditório

SESC GOVERNADOR VALADARES

GOVERNADOR VALADARES, MG, 2022

O estudo de uma nova unidade do Sesc para a cidade de Governador Valadares, a 320 quilômetros da capital mineira, Belo Horizonte, visa apresentar uma alternativa, no mesmo terreno, ao conjunto edificado atual, cuja estrutura, já bastante debilitada pela ação do tempo, se resume basicamente a três pequenos galpões isolados por um acesso murado.

Daí que o partido adotado seja o de uma franca conexão com a cidade, por meio de uma generosa rua de pedestres que atravessa todo o terreno, articulando os dois novos edifícios propostos. Na divisa com a avenida está o edifício poliesportivo, e na parte posterior do lote, uma escola de ensino infantil, fundamental e médio. A posição dos programas define uma gradação de públicos, já que a escola, por sua natureza, exige um controle maior de acessos.

A divisão de usos interna a cada bloco é também marcada pelo eixo de circulação principal. Assim, no primeiro edifício, de um lado, abre-se o café e, do outro, a administração. No piso seguinte, na fração menor estão a academia e o vestiário, na maior, as piscinas. A unidade do volume se reconstitui no último piso ao abrigar, em uma laje contínua, as quadras cobertas.

No edifício posterior, ocorre uma separação similar. Assim, de um lado estão as salas de aula, de outro, usos completares a elas, tais como a biblioteca, auditório e apoio pedagógico. Contudo, a circulação das classes, avarandada para uma quadra – que também é pátio –, revisita a tipologia das escolas paulistas. Acima do programa escolar, articulando as frações do embasamento, está um campo de futebol society, demandado pela comunidade.

A estrutura do conjunto é muito simples e leve, combinando concreto e aço. As divisões entre os programas geram espontaneamente uma variedade volumétrica que se acentua com os planos de fechamento ripado, enquanto interrupções neles esculpem grandes vazios, segundo necessidades do uso a que se relacionam, como é o caso das piscinas.

30

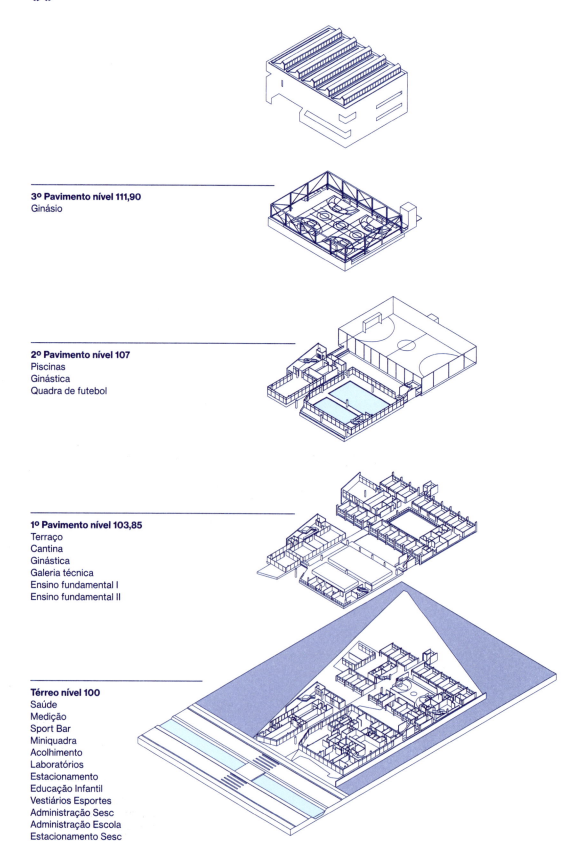

3º Pavimento nível 111,90
Ginásio

2º Pavimento nível 107
Piscinas
Ginástica
Quadra de futebol

1º Pavimento nível 103,85
Terraço
Cantina
Ginástica
Galeria técnica
Ensino fundamental I
Ensino fundamental II

Térreo nível 100
Saúde
Medição
Sport Bar
Miniquadra
Acolhimento
Laboratórios
Estacionamento
Educação Infantil
Vestiários Esportes
Administração Sesc
Administração Escola
Estacionamento Sesc

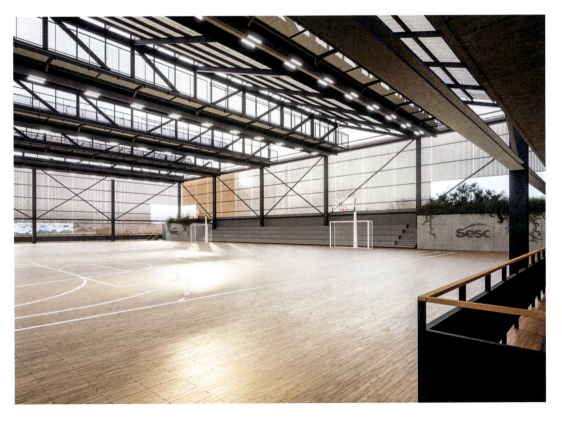

32

A. Implantação
B. Planta
   1º pavimento

0 2 10m
1:1000

A.

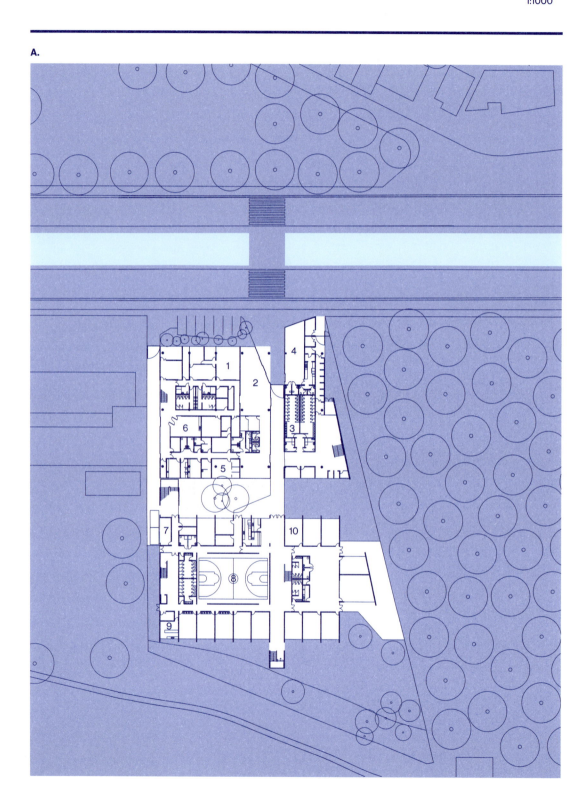

1. Administração
2. Central de atendimento
3. Vestiários
4. Sport Bar
5. Saúde
6. Refeitório
7. Administração Escola
8. Miniquadra
9. Laboratórios
10. Educação Infantil
11. Galeria técnica
12. Ginástica
13. Ensino fundamental I
14. Ensino fundamental II

0 5 10m
1:700

B.

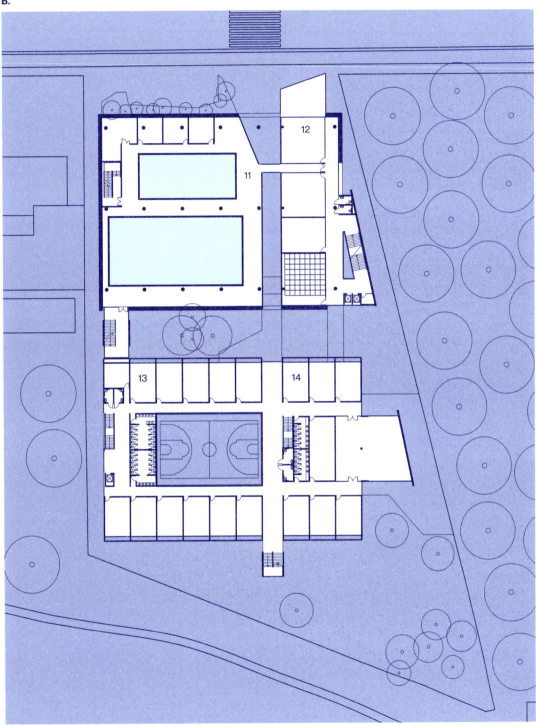

34

C. Planta
   2º pavimento
D. Planta
   3º pavimento

0 5 10m

1:700

C.

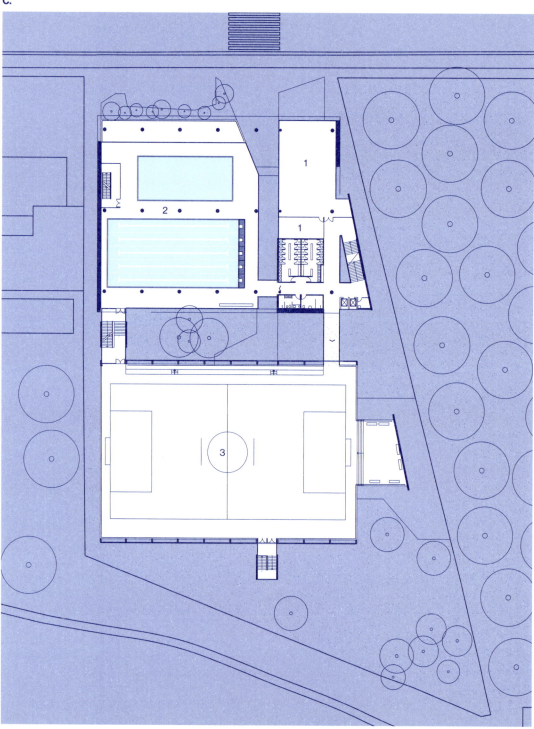

1. Ginástica
2. Pisicinas
3. Campo de futebol
4. Ginásio

D.

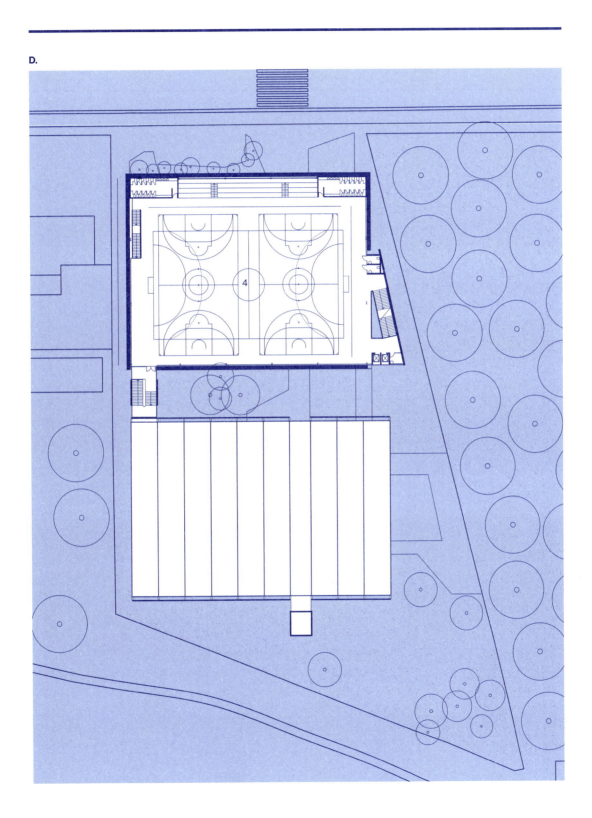

E. E. PARQUE DOURADO V

FERRAZ DE VASCONCELOS, SP, 2006-2008

Encomendada pela FDE (Fundação para o Desenvolvimento da Educação do Estado de São Paulo), esta escola deveria ser implantada em área residual no extremo leste da região metropolitana de São Paulo. No local existiam alguns equipamentos públicos – duas escolas dos anos 1970 e uma quadra de esportes – em precário estado de conservação.

Essa situação, a princípio, deslocou o interesse do novo edifício em si para o redesenho de seu entorno. Assim, foi proposta a remoção da quadra esportiva para área próxima; um pátio não coberto e murado de uma das escolas cedeu lugar a uma praça e esta foi conectada a generosa alameda de pedestres, onde antes havia um caminho de terra batida. Desse modo, criou-se uma articulação entre o novo edifício, as construções existentes e o arruamento do entorno.

O desnível do terreno permitiu que a escola, um volume retangular em três pavimentos, tivesse seu acesso principal na cota intermediária. Esta se conecta, em nível, com a alameda de pedestres, por duas passarelas. A mais estreita chega na administração; a mais larga, no pátio coberto, espaço com pé-direito duplo que recepciona o visitante. Nele há uma pintura mural, desenvolvida em conjunto com a comunidade escolar, sob a orientação dos arquitetos Paulo von Poser e Giancarlo Latorraca.

O piso inferior, que acessa um jardim na face oeste, tem as salas de aula com circulação avarandada. No piso superior, salas com usos múltiplos, como biblioteca e grêmio estudantil, são ligadas por circulação igualmente aberta que ganha a forma de passarela elevada ao cruzar as laterais do pátio. Uma quadra de esportes coberta está posicionada na face sul do edifício, em meio nível entre a cota da alameda e a inferior.

40

A. Planta 96,47
B. Planta 102,93

1. Aula
2. Reforço
3. Ginásio
4. Grêmio
5. Uso múltiplo
6. Leitura
7. Informática

0 5 10m
1:800

A.

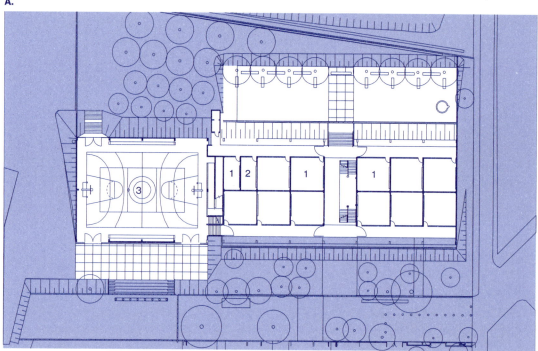

B.

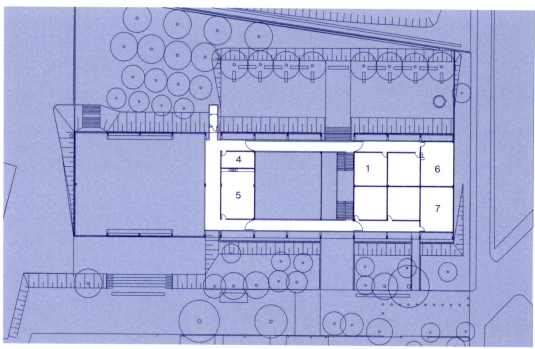

42

C. Situação
praça construída

C.

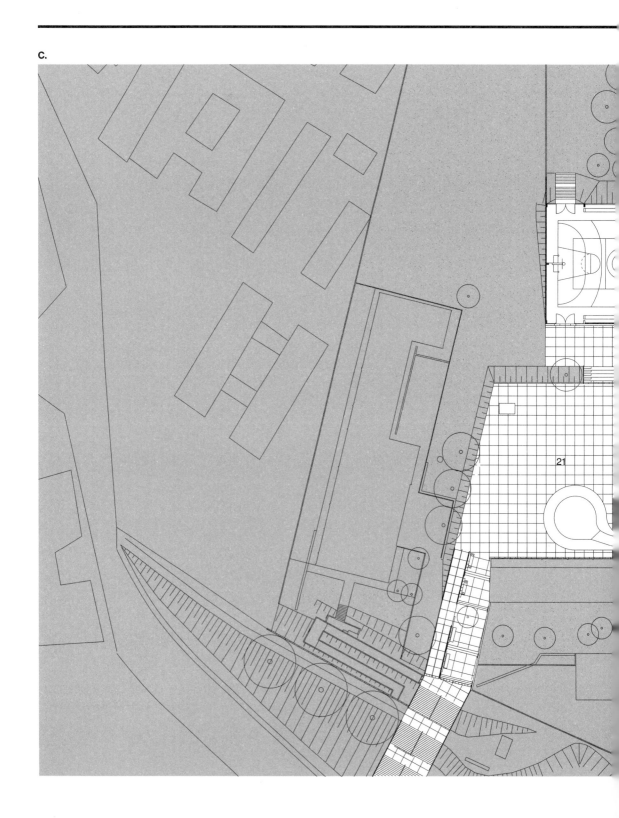

8. Sanitários	12. Pátio	16. Almoxarifado	20. Alameda de pedestres	
9. Vest. func.	13. Refeitório	17. Diretoria		
10. Depósito	14. Cozinha	18. Professores	21. Praça central	
11. Cantina	15. DML	19. Secretaria		

0 5 10m

1:700

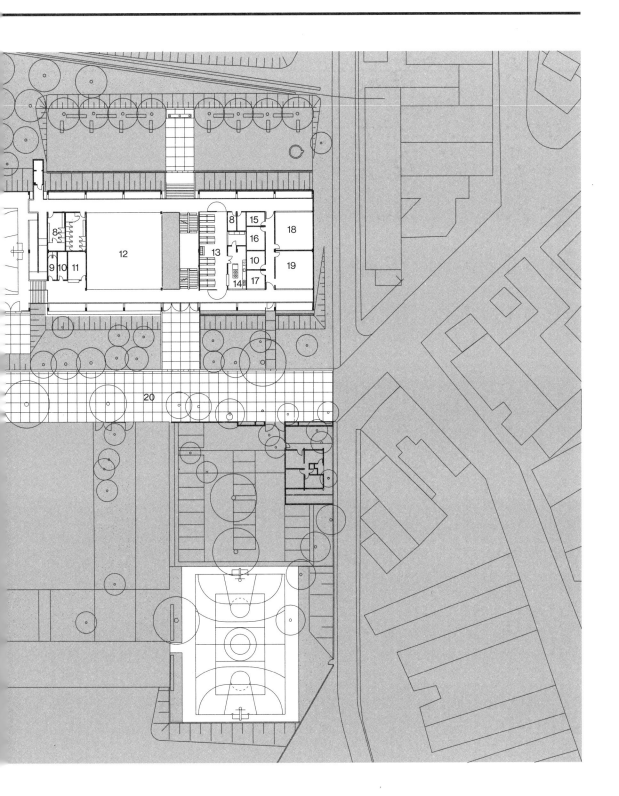

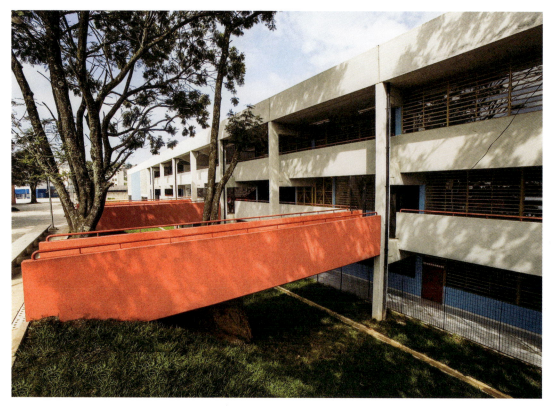

CASA JURANDA

SÃO PAULO, SP, 2006-2008

Em um lote com apenas seis metros de lado na Vila Beatriz, Zona Oeste de São Paulo, esta casa se vale da mudança na lei de zoneamento que tornou facultativo o recuo lateral, para que as lajes da construção fossem apoiadas nas paredes divisas do terreno. Buscando a menor movimentação de terra e com isso maior economia, o térreo, em patamares, acompanha a declividade acentuada do lugar, permitindo que o programa seja distribuído em meios níveis.

    O corte revela a articulação dos cinco pisos intercalados em torno de um vazio central, com os usos mais íntimos – quartos, banheiros e escritório – suspensos do chão e abaixo de um terraço na cobertura, espécie de intermezzo na cadência de uma casa que generosamente está sempre aberta a encontros e celebrações.

    A estrutura é em concreto moldado in loco e lajes pré-fabricadas sem revestimento. As alvenarias são em bloco cerâmico com argamassa caiada de branco. Iluminação e ventilação são feitas através de grandes caixilhos, com três metros de vão, que permitem, quando abertos, que a casa se integre ao exterior. Esses caixilhos são de cantoneiras de ferro com vidro ou madeira – portas e venezianas. A escada é feita a partir de duas chapas metálicas, com oito milímetros de espessura e dez centímetros de altura, que trabalham como vigas laterais solidarizadas pelos degraus de madeira. Reservatório de água, aquecedor e sistema de tratamento de esgoto estão no nível mais baixo, aproveitando o caimento natural do terreno.

50

A. **Planta cobertura**
B. **Planta 1º e 2º pavimento**
C. **Planta térreo**
D. **Corte longitudinal dormitório**
E. **Corte longitudinal circulação vertical**

1:200

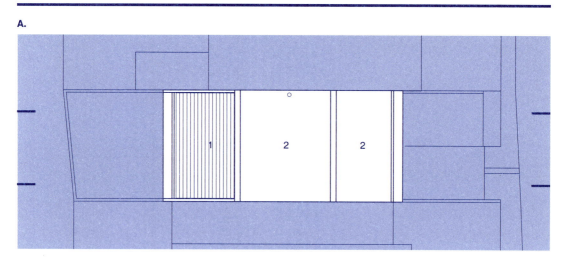

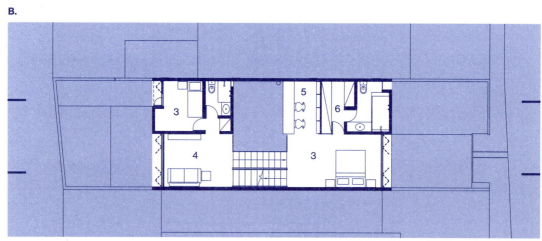

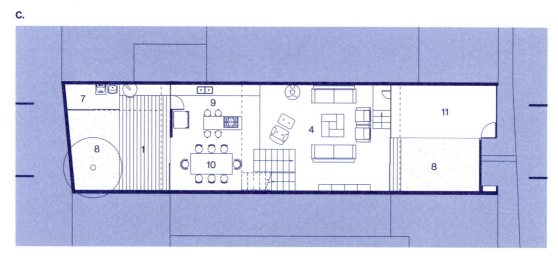

1. Deck
2. Laje
3. Dormitório
4. Estar
5. Escritório
6. Closet
7. Área de serviço
8. Jardim
9. Cozinha
10. Jantar
11. Garagem

D.

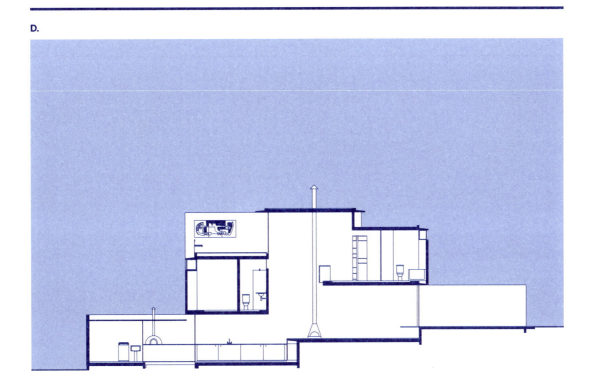

E.

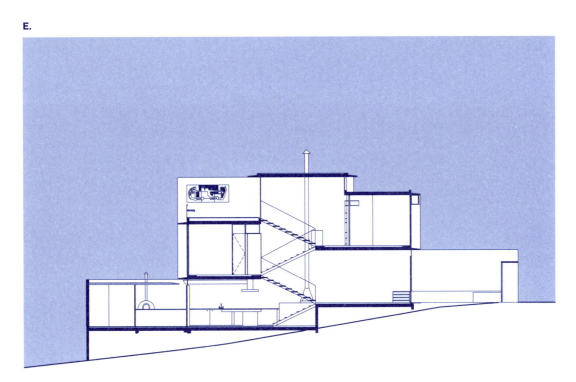

BAR MUNDIAL

SÃO PAULO, SP, 2012-2013

Com o propósito de uma obra rápida e de baixo custo, este bar, em um reduto da boemia paulistana, dá continuidade à pesquisa iniciada na casa Juranda. Componentes pré-fabricados de concreto proporcionam um canteiro seco e racional. Aqui, esses painéis são empregados como elementos de fechamento vertical, articulados a panos de vidro fixo e à leve estrutura metálica.

Localizado em um terreno de esquina, o bar tira partido do recuo frontal ao transformá-lo em pequeno remanso, transição para o espaço urbano. A implantação explora ainda a topografia acidentada do bairro, para criar dois acessos em cotas distintas. Desse modo, os pisos internos são desencontrados em meios níveis que facilitam a circulação entre os pavimentos. A cozinha se situa no nível superior, sob sua projeção está o balcão de bebidas; no salão com pé-direito duplo, estão as mesas.

A opção pelo desenho de um mobiliário próprio não apenas confere identidade ao lugar, fugindo da monotonia do que é ofertado pelo mercado, como cria unidade entre objetos e acabamentos da arquitetura – portas, balcão, armários, entre outros. Isso, em contraste com o concreto dos planos verticais e horizontais – lajes –, costura um sofisticado jogo cromático, com distintas temperaturas, conforme os arquitetos costumam definir.

56

A. Elevação
B. Planta 1º pavimento
C. Planta 2º pavimento
D. Planta 3º pavimento

0 2 4m
1:200

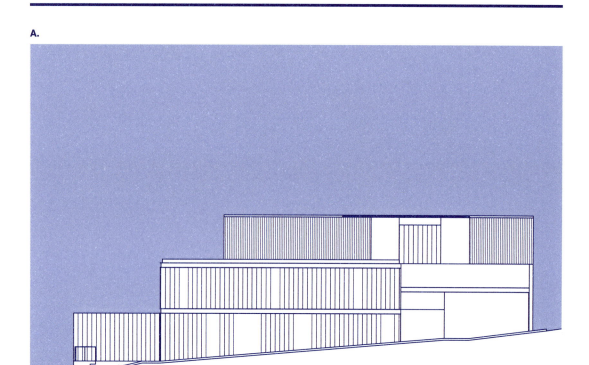

1. Terraço
2. Salão
3. Bar
4. Varanda
5. Câmara fria
6. Cozinha
7. Área técnica
8. Vestiários

C.

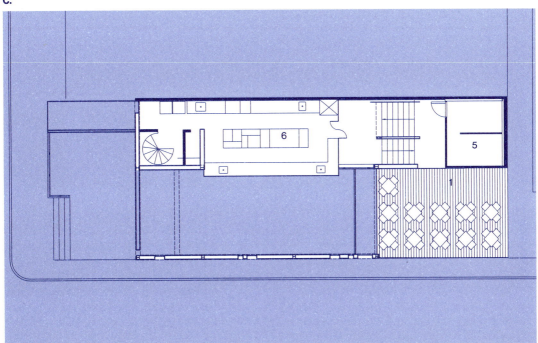

D.

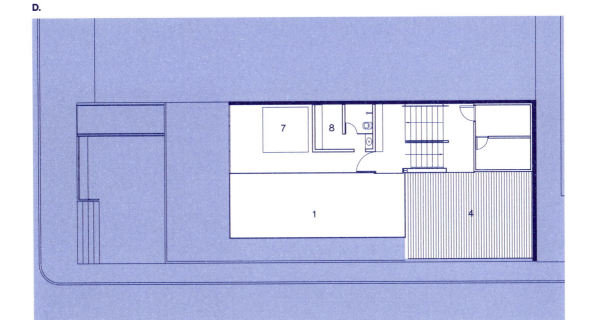

E. **Detalhamento**

0   0,5   1m

1:20

E.

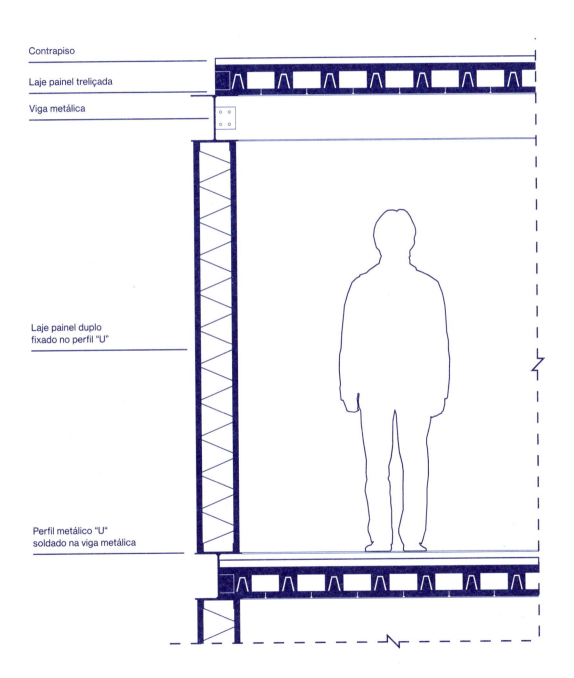

Contrapiso

Laje painel treliçada

Viga metálica

Laje painel duplo fixado no perfil "U"

Perfil metálico "U" soldado na viga metálica

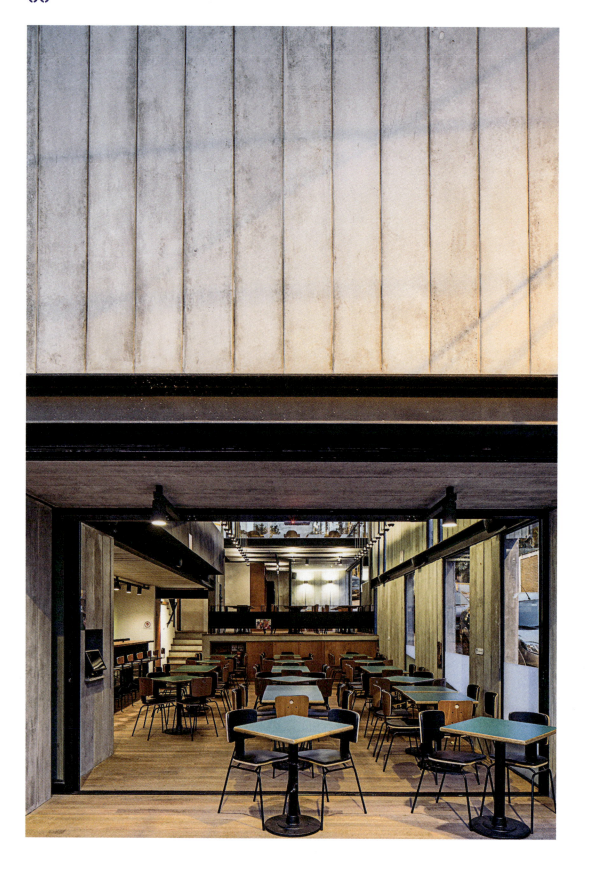

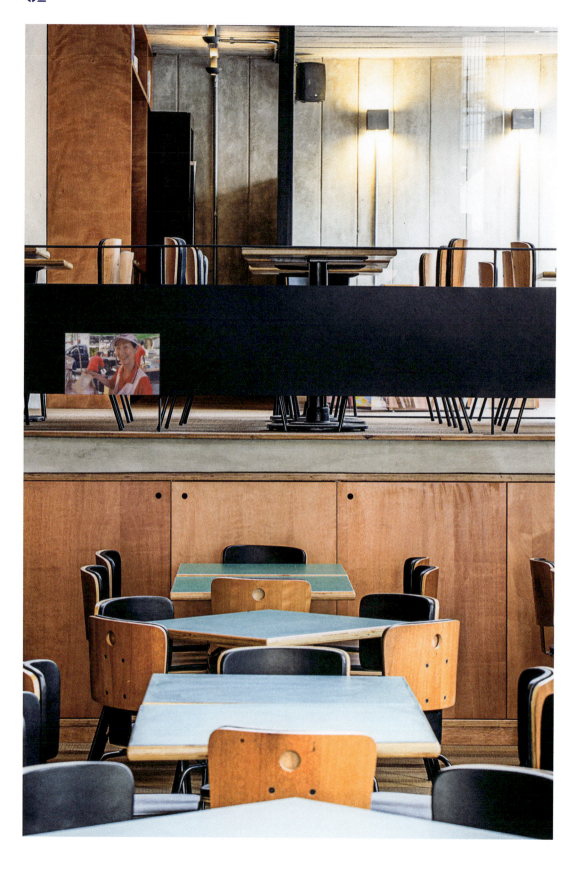

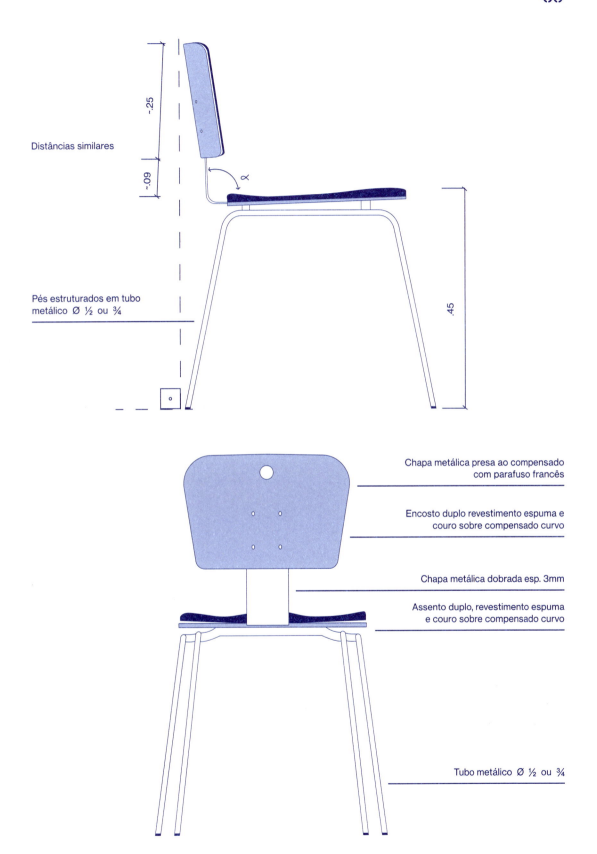

ESTÚDIO MADALENA

SÃO PAULO, SP, 2013-2014

Em uma cidade como São Paulo, onde a construção do espaço urbano se deu sobretudo a partir da esfera privada, toda arquitetura que se coloca como possibilidade de congregar o público segue em sentido contrário e, assim, acalenta um desenvolvimento democrático. Algumas obras, pelas especificidades de seus programas, abordam esse desafio em termos indiretos, o que não as impede de serem eficazes.

Este projeto é um desses casos. Na Vila Madalena, residência e escritório deveriam dividir o mesmo terreno. A solução apresentada pelos arquitetos reivindica uma nova urbanidade para o lugar. O programa é dividido em dois blocos: um deles redesenha a topografia na forma de um embasamento, e o outro marca presença como delicado prisma retangular, solto do chão.

Para abrigar a residência, o primeiro bloco, abaixo do nível da rua, se abre em dois volumes, ligados por uma passarela. Entre eles, pátios escalonados seguem o caimento original do terreno. O segundo comporta o escritório, em dois pavimentos, sobre pilotis. A cobertura do embasamento faz a extensão da rua – garagem e espaço de convivência entre casa e trabalho – e se afirma também como hipotético mirante para a cidade, de onde se vê a paisagem de sobrados e edifícios. A circulação vertical interliga todos os níveis sem obstruir a vista.

O método construtivo é simples e regido pela contenção orçamentária, dando continuidade à solução usada no Bar Mundial. Os painéis de concreto pré-fabricados são combinados com estrutura metálica no bloco superior, e no inferior, em busca de maior resistência, com concreto moldado in loco. Usualmente voltado para a concretagem de lajes maciças, o painel aqui é utilizado como vedação, em dupla, formando paredes ocas executadas em tiras de 25 centímetros de largura e altura flexível. Seu emprego não é somente para fechamento, mas também como laje – uma sequência de vigas treliças com banzos – superior e inferior – em concreto e ferro na sua armação interna, de modo a não haver necessidade de se preencher o miolo da laje, reduzindo a carga na estrutura metálica. No embasamento, painéis ocos e maciços foram intercalados, conforme a exigência de carga.

66

A. **Planta nível 100**
B. **Planta nível 102.75**
C. **Planta nível 105.50**
D. **Planta nível 108.25**

0 2 5m

1:250

A.

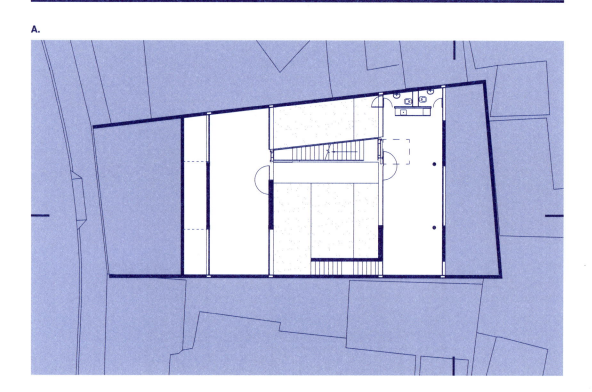

B.

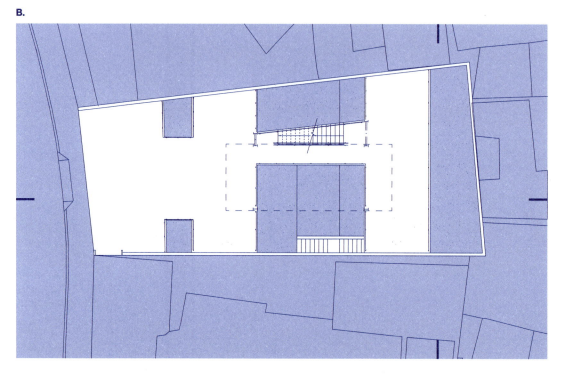

C.

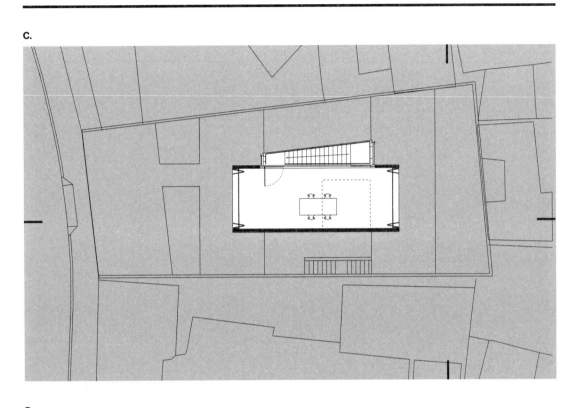

D.

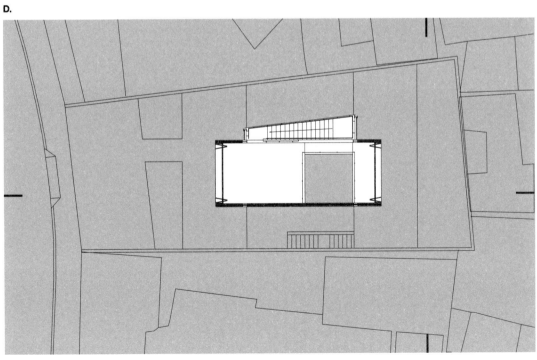

E. Corte
   longitudinal
F. Corte
   transversal

0 2   5m

1:250

E.

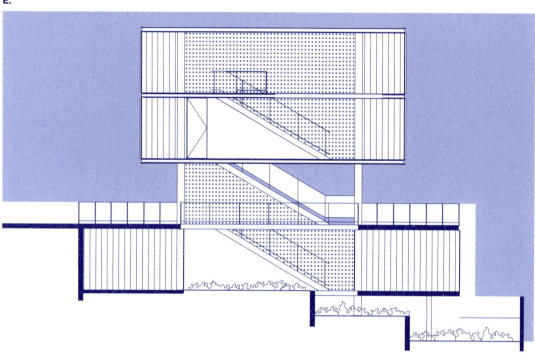

F.

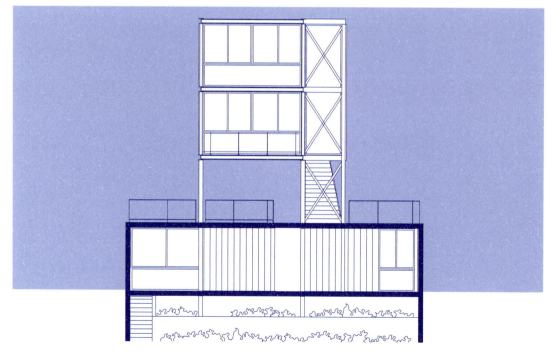

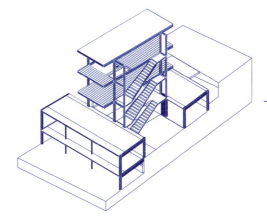

Estruturas

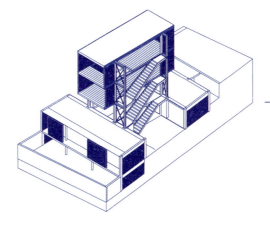

Fechamentos de concreto

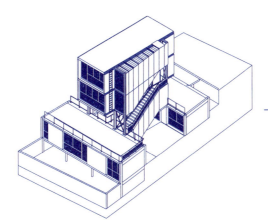

Esquadrias e guarda-corpo

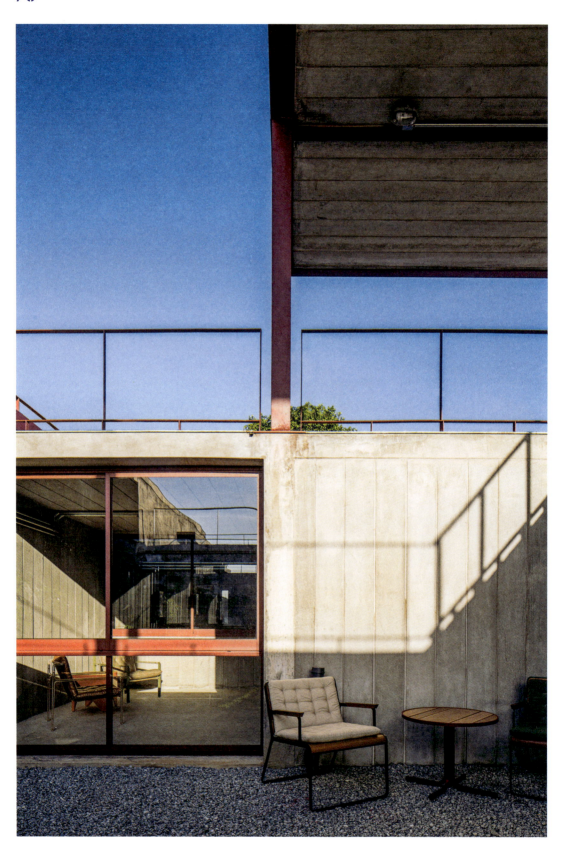

CENTRO CULTURAL

PARATY, RJ, 2014

O traçado de Paraty, com seu casario a edificar o perímetro das quadras, carrega um sentido de unidade não apenas enquanto matemática de uma ocupação racional do solo, mas também como sofisticado desenho urbano que, apesar de sua aparente simplicidade, se mostra revelador de contrapontos surpreendentes ao morador e ao visitante. Esse é o caso dos magníficos pátios inseridos em algumas quadras, no interior de antigas edificações institucionais e habitações que, na maioria das vezes, foram transformadas em equipamentos de serviço, como restaurantes e pousadas.

Esse perímetro demarcado, que também conferiu à arquitetura paratiense uma relação franca com a rua, é recuperado como partido do Centro Cultural proposto, vencedor do segundo prêmio em concurso nacional. O programa – teatro, espaço multiúso, restaurante, salas de reunião e administração –, interligado por uma *promenade*, foi posicionado nos perímetros do edifício, em contato direto com a rua. Isso possibilitou criar, no centro do terreno, um grande vazio para manifestações culturais ao ar livre. A volumetria em bloco único foi interrompida nas esquinas a fim de organizar os acessos ao público, serviço e estacionamento. Não há entradas principais e secundárias, apenas um sentido de fluidez permanente, sendo possível atravessar o edifício pelo simples prazer do caminhar contemplativo, como quando se percorre o vilarejo, com ruas estreitas, reentrâncias e pátios ajardinados. Optou-se, em observância à tradição de outro tempo, que o Centro Cultural fosse todo ele levemente erguido do solo (+ 80 cm), tal qual um piso térreo que guarda sob si o porão.

O edifício é em estrutura metálica com vedações em painéis pré-moldados de concreto e caixilharia, levando à nova escala a pesquisa construtiva do escritório. Entre os volumes do programa, os vazios de acesso cumprem função térmica, por conta da convecção de ar conduzida sob o piso e pelo colchão de ar entre a laje que os veda e a cobertura do conjunto. Esta, completamente solta dos volumes, tem sua estrutura em madeira laminada, fechada com panos de vidro, os quais são protegidos por brises metálicos, em forma de grelha. Nas fachadas com maior incidência solar, recorre-se a brises de madeira.

A. **Implantação**
B. **Planta 1º pavimento**

1. Praça de acesso
2. Teatro
3. Pátio
4. Espaço multiúso
5. Vivência
6. Restaurante

0 2 10m
1:1000

A.

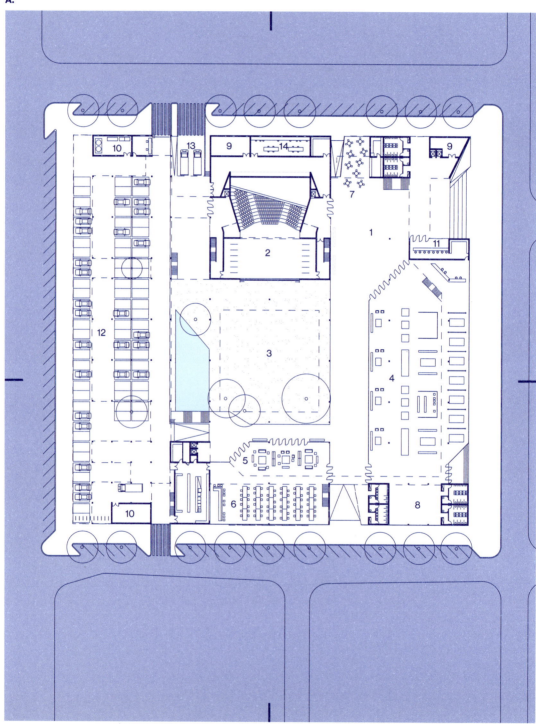

7. Café
8. Apoio
9. Depósito
10. Área técnica
11. Credenciamento
12. Estacionamento
13. Doca
14. Oficina
15. Foyer
16. Camarim
17. Enfermaria
18. Mezanino
19. Reunião
20. Administração

B.

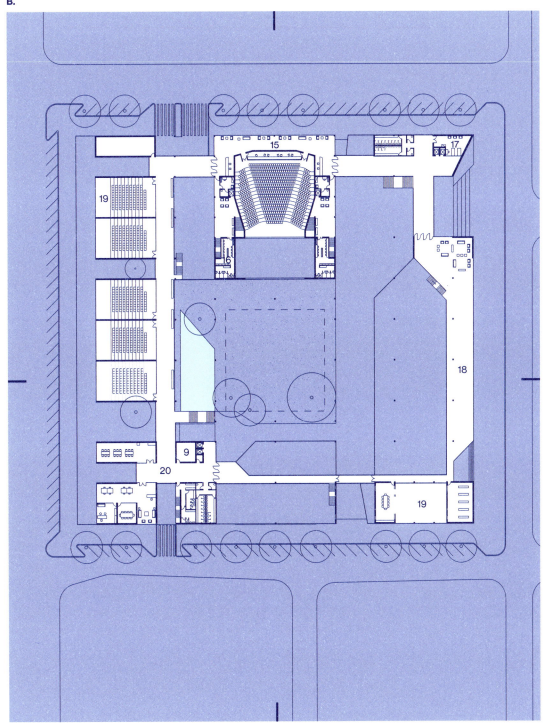

78

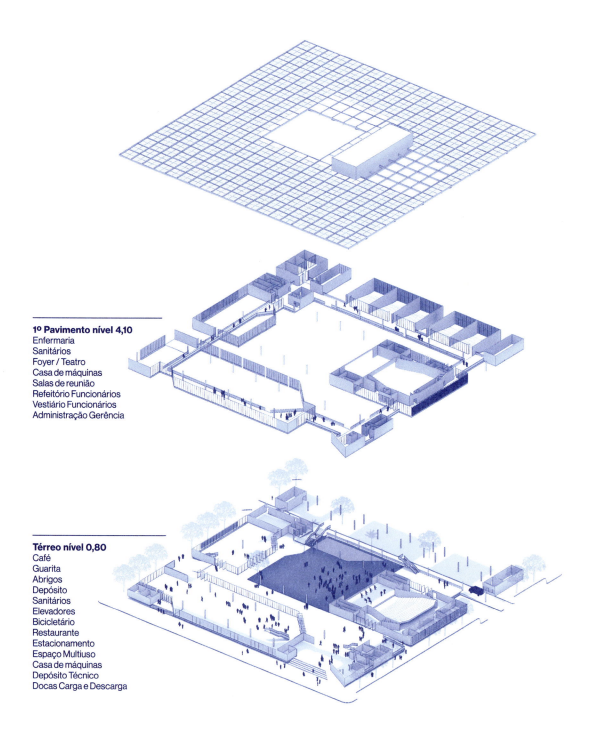

1º Pavimento nível 4,10
Enfermaria
Sanitários
Foyer / Teatro
Casa de máquinas
Salas de reunião
Refeitório Funcionários
Vestiário Funcionários
Administração Gerência

Térreo nível 0,80
Café
Guarita
Abrigos
Depósito
Sanitários
Elevadores
Bicicletário
Restaurante
Estacionamento
Espaço Multiuso
Casa de máquinas
Depósito Técnico
Docas Carga e Descarga

C. **Corte longitudinal**
D. **Corte transversal**

C.

D.

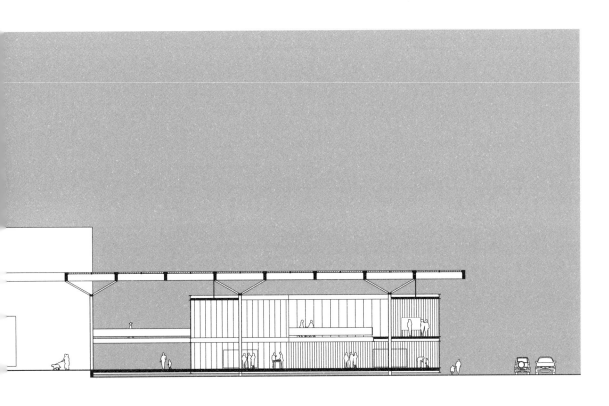

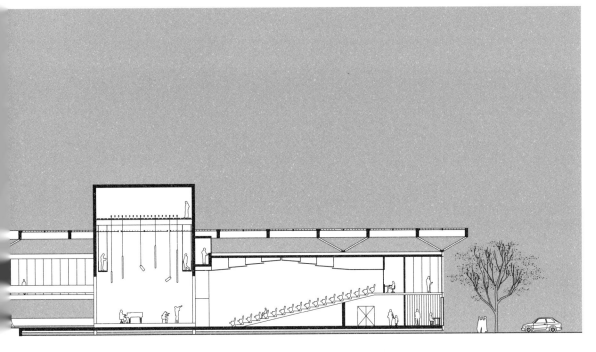

CASA SERRA AZUL

ITUPEVA, SP, 2018-2022

Feito para terreno em condomínio próximo a São Paulo, este projeto revisita o tema da habitação unifamiliar, explorando variações à tipologia pavilionar, a partir da forma pátio. Assim, ao redor de um vazio central se organiza o programa da casa. Contornando o seu perímetro interno, a circulação é aberta e avarandada – como em alguns exemplares da arquitetura colonial. A construção, no entanto, não forma um volume contínuo, mas se abre em blocos soltos sob a mesma cobertura. Os hiatos decorrentes dessa opção acentuam a relação entre dentro e fora, já que emolduram a vista para o jardim exterior. Nele, a vegetação é mais densa, a fim de criar uma relação prazerosa com o paisagismo e de preservar a intimidade dos moradores sem a necessidade de muros no limite do lote. A cobertura em estrutura de madeira é composta de uma malha quadriculada com modulação de 1,25 × 1,25 m, ora aberta, ora fechada de modo translúcido, ora de modo opaco.

A obra foi construída em três etapas. A primeira foi o chão, um lastro de concreto que serve como fundação e piso. A segunda, a pré-fabricação dos componentes de madeira, dos painéis de concreto e caixilhos, simultaneamente à execução da primeira. E a última, a montagem no canteiro dos componentes industrializados.

Em termos de uma poética que nasce da tectônica, esta casa opõe o que é pesado, o concreto do embasamento, ao que é leve, a madeira da cobertura, como se esta estivesse, por assim dizer, a pairar acima dos volumes construídos.

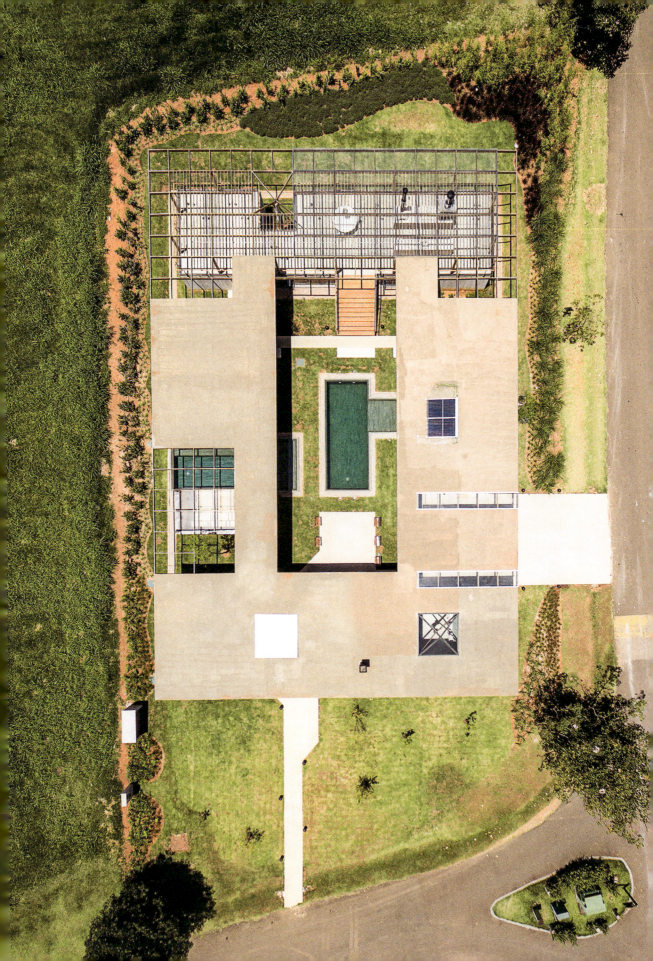

84

A. Planta inferior e térreo
B. Corte transversal 1
C. Corte transversal 2
D. Corte longitudinal 1
E. Corte longitudinal 2

0 2 10m
1:1000

A.

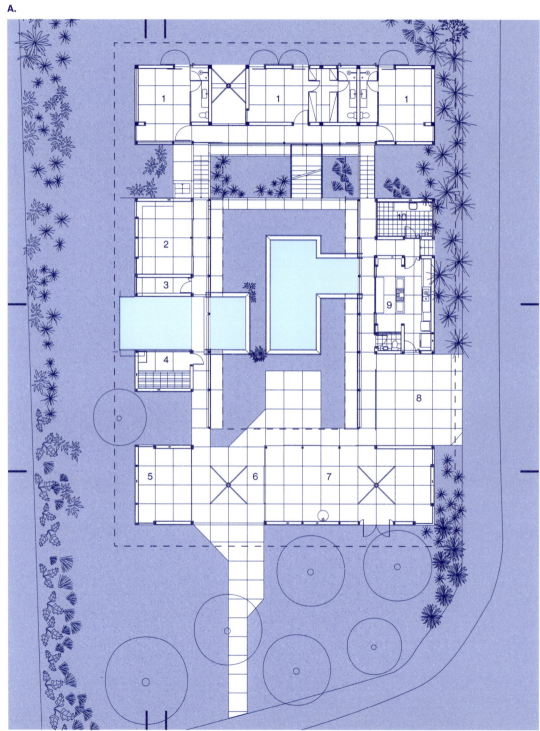

1. Dormitório
2. Escritório
3. Depósito
4. Sauna
5. Sala TV
6. Varanda
7. Estar/Jantar
8. Garagem
9. Cozinha
10. Área de serviço

B.

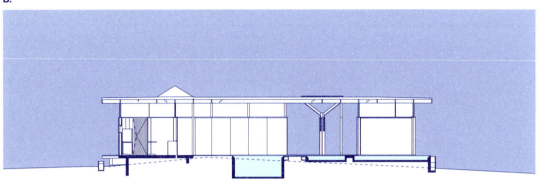

C.

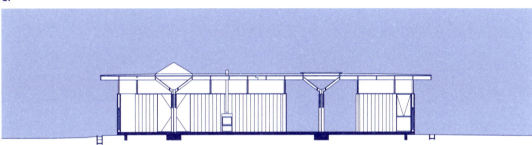

D.

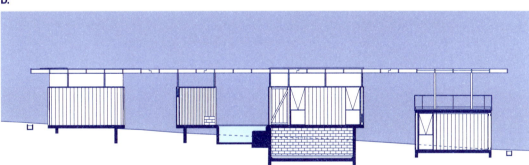

E.

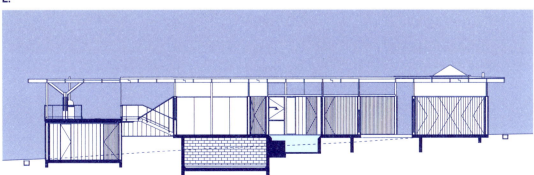

FLUMINENSE FOOTBALL CLUB

RIO DE JANEIRO, RJ, 2022 (EM ANDAMENTO)

Pioneiro, o Estádio de Laranjeiras gozava de grande prestígio no início do século XX, recebendo entre 1914 e 1918 os primeiros jogos da seleção brasileira. Ao seu redor, o Clube do Fluminense se consolidou com quadras, piscinas, restaurante e até um teatro, configurando um retrato fiel da *belle époque* carioca. Mais tarde, nos anos 1960, a abertura da rua Pinheiro Machado levou à demolição de parte da arquibancada do estádio, ao que se somaram intervenções descaracterizantes do conjunto.

A presente proposta tem como objetivo adaptar o estádio e as demais dependências do clube às necessidades contemporâneas – como a adequação para jogos oficiais e shows musicais –, colocando em evidência seu patrimônio arquitetônico. Para isso, buscou-se reestabelecer o contato do estádio com a cidade e organizar os fluxos internos ao clube, reconfigurando a posição de seus equipamentos esportivos e de lazer.

A abertura de duas esplanadas, como eixos de circulação estruturantes, orienta esse plano. Uma, entre a rua Pinheiro Machado e o estádio, promove o rebaixamento do acesso, criando uma praça semienterrada com comércios e serviços voltados para a cidade. A outra, no interior do clube, reordena a relação entre estádio e área exclusiva para sócios. As quadras são, então, elevadas ao nível da piscina e do restaurante, criando um único grande embasamento, que abriga dois níveis de estacionamento, com fachada ativa para a esplanada.

O embasamento permite ainda a criação de novos espaços livres que ampliam os usos do restaurante e permitem a instalação de ginásio coberto. Anexos e adições nas construções históricas, como o teatro, são demolidos, dando o devido protagonismo ao patrimônio do clube.

94

A. Isométrica 1
B. Isométrica 2

A.

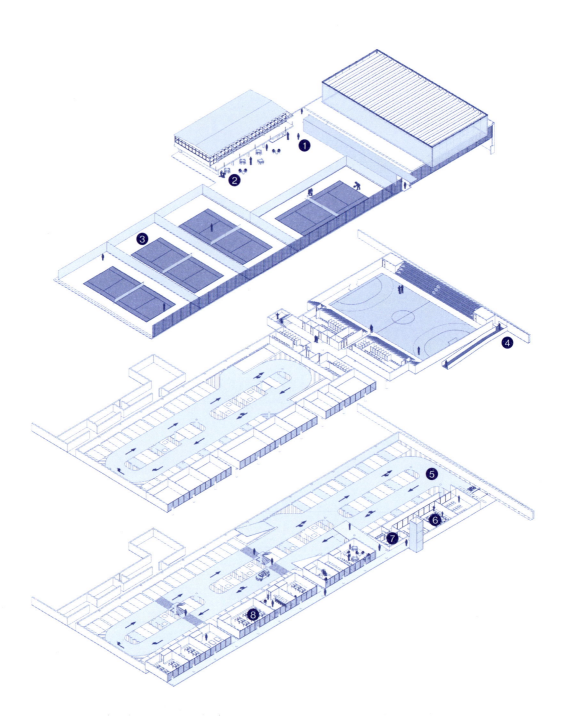

1. Praça do ginásio
2. Bar do tênis
3. Quadra de tênis
4. Acesso Visitantes
5. Entrada/saída de veículos
6. Manutenção
7. Acesso Sócios
8. Departamento esportivo
9. Acesso Equipe
10. Esplanada
11. Acesso Estádio
12. Praça de alimentação

B.

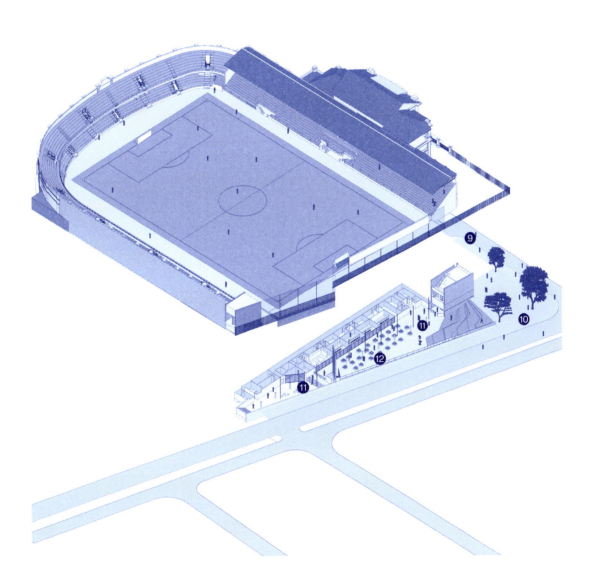

C. **Planta atual** D. **Planta do projeto proposto**	1. Quadras de treino 2. Conjunto aquático	3. Quadras de tênis existentes 4. Pátio de estacionamento	5. Quadra Bené 6. Quadra descoberta	7. Muro para av. Pinheiro Machado	8. Duplicação das Quadras de treino

C.

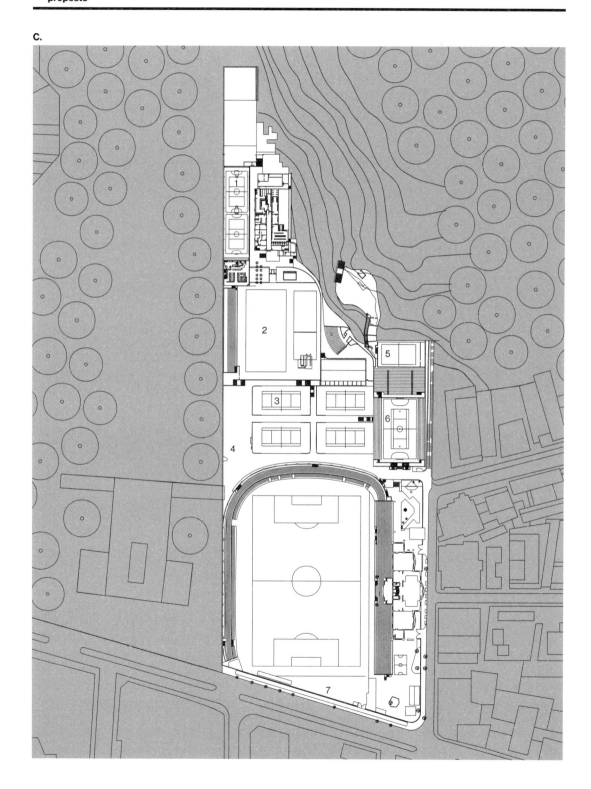

9. Piscina recreativa
10. Parque ecológico
11. Quadras cobertas
12. Estacionamento e quadras
13. Ginásio poliesportivo
14. Esplanada interna
15. Praça Acesso av. Pinheiro Machado

0 5 10m
1:700

D.

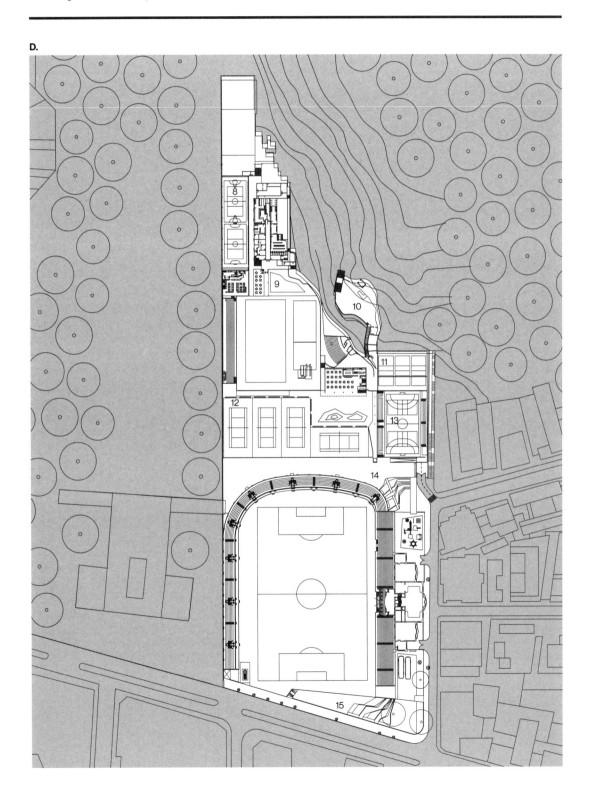

ENTREVISTA

ALEXANDRE BENOIT E LUCIANO MARGOTTO

Acácia Furuya é arquiteta formada pelo IAUSC-USP (2005), colaborou com os escritórios Brasil Arquitetura, Vainer e Paoliello, Raul Pereira Arquitetos Associados e com João Filgueiras Lima (Lelé). Integra, desde 2005, o Apiacás Arquitetos, do qual se tornou sócia a partir de 2010, quando assumiu a frente de execução de obras de projetos autorais do escritório.

Anderson Freitas é arquiteto formado pela FAU-Unitau (1994), colaborou com o escritório Brasil Arquitetura até o ano 2000, quando fundou o Apiacás Arquitetos. Exerceu a coordenação do Núcleo de Projetos do Programa Monumenta - UNESCO no Ministério da Cultura em Brasília (2003-2004). Professor da Escola da Cidade desde 2003, é atualmente membro do corpo diretor (2019-2024) à frente do Conselho Ecossocioambiental.

Pedro Barros é arquiteto formado pela FAU-Unitau (1997), colaborou com o escritório Brasil Arquitetura até o ano 2000, quando fundou o Apiacás Arquitetos. Desde 2003 é professor na Escola da Cidade.

A entrevista transcorreu em setembro de 2022 no escritório do Apiacás Arquitetos, à rua General Jardim, centro de São Paulo, e contou com a participação do arquiteto e professor Luciano Margotto. Anderson Freitas, Pedro Barros, Acácia Furuya – os três sócios do Apiacás – rememoraram o período de estudo e formação do grupo e fizeram uma reflexão sobre o legado da convivência e aprendizado com a Brasil Arquitetura e com João Filgueiras Lima, o Lelé, chegando em temas estruturantes do processo criativo de suas obras, como a relação entre projeto e construção em múltiplas escalas.

AB Em termos geracionais, o Apiacás corresponde à segunda geração pós-redemocratização, vinda de cursos novos no interior de São Paulo. Poderiam falar um pouco sobre esse período?

ANF Eu sou o mais velho, estudei na cidade em que nasci, Taubaté, na Unitau, que então passava por uma reestruturação, com boa parte do corpo docente vindo da Universidade de São Paulo. Lembro que, por isso, acabei só fazendo vestibular lá mesmo, pois, do ponto de vista financeiro, seria muito mais tranquilo para minha família. Foi um período muito fértil, com professores jovens que acabaram depois se transferindo para a Universidade de Mogi das Cruzes e por fim se juntaram ao grupo que veio a fundar a Escola da Cidade. Essa convivência, que acabou se tornando uma grande amizade, me fez sair de Taubaté, me provocou a buscar novos ares. Antes de vir para São Paulo, fui para o Rio de Janeiro quando pintou uma oportunidade, já no último ano do curso, de fazer um estágio no escritório do Zanine Caldas. Fiquei lá até decidir ir para São Paulo. Aqui, trabalhei por cerca de um ano no escritório do Ricardo Caruana e depois na Brasil Arquitetura seis anos, até abrir o Apiacás Arquitetos, com o Pedro Barros e Giancarlo Latorraca.

PB Eu também sou de Taubaté e entrei na Unitau em 93. Dois arquitetos, amigos dos meus pais, que eram superentusiastas da faculdade, falaram: "Você tem que estar aqui, tem um timaço de professores". E essa vida acadêmica estava mesmo efervescendo. Depois, com o tempo, percebi que teria que ir para São Paulo, para continuar a me desenvolver na profissão. Os professores que eram nossas referências estavam todos aqui, chamavam a gente para vir para cá. No início do último ano, fiz uma lista de lugares para procurar emprego. O primeiro em que eu bati, fiquei, foi a Brasil Arquitetura. No meio da entrevista de emprego, o Chico falou: "Já tem um cara aqui de Taubaté, você conhece o Anderson?". No início tinha pouco trabalho, o que a gente compensava com a empolgação. Ficávamos lá discutindo sobre os projetos com o Chico e o Marcelo. Então veio o projeto do Bairro Amarelo, em Berlim, que nos marcou profundamente.

ANF Aqueles seis anos de experiência na Brasil foram fundamentais em nossa formação. Decidimos sair após uma conversa com o Gian, que também estava deixando o Instituto [Lina Bo e Pietro M. Bardi]. Ele nos convidou para montar um escritório, "nossa quitanda", como chamávamos à época.

ACF Eu tinha acabado de sair da minha banca de TFG no IAU-USP, em São Carlos, quando soube por um primo do Gian, que estudava comigo, que estavam precisando de arquitetos para trabalhar no projeto executivo de um hospital do Lelé na cidade.

LM Ainda sobre o período de constituição do escritório, vocês poderiam contar mais sobre a relação entre o Apiacás Arquitetos e a empresa de construções, a Aimberê.

ACF Foi no projeto da casa Juranda, do Anderson e da Juliana Antunes, desenvolvido pelo escritório, que houve um primeiro contato direto com o canteiro de obras.

ANF Nós somos como o operário que faz o carro, mas não tem recursos para comprá-lo. Quando eu e a Juliana decidimos fazer o projeto, a gente se viu inevitavelmente tendo que administrar a obra e quase assentar tijolos.

AB Uma espécie de autoconstrução.

ANF Pois é, lembro que até meu pai foi ajudar quando a obra estava no meio, já que a Juliana estava grávida de nosso primeiro filho e não podia mais ficar se deslocando. Meu pai, que tinha por ofício construir motores de navio, recém-aposentado, auxiliava na administração do canteiro com sua máquina de solda sempre à mão.

Quando a casa ficou pronta, recebeu o prêmio do IAB e foi capa da revista *Arquitetura e Construção*. Eu recordo de vir trabalhar no sábado, tocar o telefone e o sujeito falar: "Vi sua casa na revista, quero fazer um projeto com você".
Nós fizemos e o cliente pediu que a gente também fizesse o gerenciamento. De certo modo, a experiência de projetar e construir foi interessante para o escritório e a Acácia, que ficou encarregada da obra, encontrou seu papel. A partir daí todas as obras de pequeno porte passaram a ser executadas pelo escritório. Com o tempo, a coisa foi crescendo e percebemos que era interessante ter um segundo CNPJ, voltado somente para construção.

ACF Em um primeiro momento, era para construir os nossos projetos.

ANF Era para fazer os projetos autorais, mas já havia uma discussão de abrir, porque o Angelo Bucci tinha me ligado para fazer uma casa, que acabou não acontecendo, mas fiquei com isso na cabeça.

PB Depois de um tempo, começamos a tocar muita obra para amigos, Gui Paoliello, Vapor, H+F, Sabiá. A gente percebeu que não era legal na obra de outro escritório aparecer o nome Apiacás, aí a gente colocou Aimberê.

AB A construção da casa Juranda comprova essa proximidade de vocês com o fazer, mas queria recuperar outra experiência, já citada aqui, dos projetos executivos para o Lelé.

ANF É inegável que a convivência com Lelé deixou uma marca. Estivemos muito próximos dele, o que fez só aumentar a admiração por seu trabalho, era um cara que discutia todos os pormenores, cada parafuso. Aliás, a história é a seguinte. O Lelé não podia mais fazer obras fora da Rede Sarah, embora continuasse a ser solicitado pelo poder público. Então ele doava os estudos preliminares e indicava quem ele queria que desenvolvesse o projeto. Ele era muito exigente. Lembro que, enquanto ele esteve à frente da área de projetos do Sarah, tratava a equipe com muito rigor e disciplina. Além do hospital em São Carlos, a gente fez várias outras coisas com ele, como o projeto em Campinas. Então, só para responder à pergunta, de fato ele nos influenciou, porque era um arquiteto extraordinário, com uma capacidade muito grande de gerir o trabalho, as pessoas. Lelé pensava todas as etapas da construção e como executá-las de forma econômica, pois tinha plena consciência do contexto do país e da responsabilidade do arquiteto.

AB Nessa colaboração com o Lelé, vocês tinham de adaptar o sistema desenvolvido no Centro de Tecnologia da Rede Sarah para um canteiro convencional, regido pelo mercado, certo?

ANF Esse era o desafio. E aí, o resultado da obra, se você for analisar uma obra dele feita pela Rede Sarah e a executada por uma construtora de mercado em São Carlos, não é nem de longe igual. Tem lá, teoricamente, a mesma lógica do sistema construtivo, a volumetria etc., mas, tirando a parte metálica, que dá para reproduzir, o sistema de argamassa é impossível de realizar fora da fábrica da Rede Sarah.

LM Vendo a produção do escritório, nota-se que há sempre uma preocupação com a natureza dos materiais, seu potencial, os processos construtivos são muito importantes, praticamente não há revestimentos. Toda – ou quase toda – a construção é revelada. A questão da tectônica é o fio condutor da obra de vocês?

ANF Sem dúvida, é o fio condutor, talvez pela escola que a gente teve, o contato com a arquitetura paulista. Mas, se eu for citar o pouco do que eu convivi com o Zanini, ali também havia materiais sendo expostos, uma lógica construtiva determinada. Depois a experiência com a Brasil mexeu bastante com esse olhar – diria detalhista – que carregamos desde a faculdade, nos levando a valorizar a obra de arquitetos como Louis Kahn, Scarpa, Barragán, sem falar da própria Lina.
Por outro lado, com o tempo, nos aproximamos da lógica da pré-fabricação, que está na base do raciocínio do Lelé, e que permite pensar sistemas construtivos alternativos, que fossem mais fáceis, porém sempre vindos da indústria, simples e econômicos. Afinal, a questão orçamentária é o real nivelador.
Quando fomos construir a residência Itahye, essa discussão apareceu, pois era uma casa de concreto com um gasto muito grande de material. Uma obra que envolveu uma

logística complexa, muita matéria-prima e, ao mesmo tempo, muito cara, porque teve muita mobilização, escoras, formas etc. Isso nos fez pensar no painel de argamassa do Lelé. Também era uma peça em concreto, só que leve, pois oca. De certo modo é a mesma coisa, tem uma busca da tectônica do concreto, mas com uma leveza que nos atraía. Nós sabíamos que não era possível fazer o que ele fazia na fábrica da Rede Sarah, então a gente se perguntou: "O que tem no mercado?".

AB No fundo é um debate sobre os entraves da indústria da construção civil no país.

ANF Sim, a gente viu o quanto é complicado, porque no Brasil a indústria da construção civil, na questão do uso do concreto, já tem respostas boas para obras de grande porte, mas, em obras de médio e pequeno porte, ela engatinha. Você não tem muitas opções para a "arquitetura de prateleira". Eu gosto desse termo que eu ouvi o Luciano dizer uma vez. Nesse sentido, em relação a esse tema o Lelé deixou uma grande contribuição para nós.

AB No governo Erundina ele desenvolveu peças de argamassa para dois pedreiros poderem carregar, que serviam para canalização do córrego, arrimo, ou então para fechamento de estrutura…

ANF Exato, a pré-fabricação na medida para você ganhar tempo construindo à mão, sem a necessidade de equipamentos sofisticados. É a antilógica da máquina pesada para construir grandes obras, os caras que pegam em dois o painel e conseguem construir. Mas, voltando à colocação do Luciano, se isso é um fio condutor, a arquitetura, quando termina sendo estrutura ou vedação, ela está pronta, não precisa de revestimento etc. e tal. Entretanto, há outro aspecto que nos interessa: as contraposições dos materiais, de densidades e texturas diferentes entre si, que marcam e distinguem com clareza funções construtivas.
Talvez tenha a ver com isso a casa Serra Azul, que acentua esse contraponto e difere de tudo que até então vínhamos fazendo com a estrutura metálica. Tem a ver também com a questão ambiental, a utilização de materiais renováveis… Esse contraponto de materiais é deliberado, o concreto com a madeira é diferente do concreto com aço. E aí, junto a questões técnicas, tem a diferença de temperatura dos materiais, que vai sendo dosada por meio do desenho. Por que os pilares não estão todos na parede? Porque é o que me interessa, podemos fazer esses contrapontos, essas manchas quentes da madeira com a frieza do concreto. Isso tudo está presente no repertório, de alguma forma, quase uma composição construtiva, com decoro, que segue uma lógica construtiva.

AB Um quase artesanato.

ANF É, uma artesania, uma construção que busca a qualidade espacial, mas também procura revelar o aspecto construtivo, potencializado por meio da temperatura dos materiais. A coisa mais linda do Sesc Pompeia é ter a preexistência e, ao mesmo tempo, ver o que a Lina fez com o concreto, com a pedra, o granito. A temperatura visual ali é de emocionar.

AB Vocês trabalham menos com a pré-fabricação e mais com o canteiro seco.

ANF Sim. Nós nunca faríamos um projeto que usa uma tecnologia ou materiais tão caros ou processos tão complexos que não conseguiríamos fazer com a nossa estrutura produtiva, com a nossa mão de obra.

ACF Com o que tem no mercado.

PB O tamanho das peças tem tudo a ver com isso, essa questão aparece durante a elaboração do projeto. Está tudo relacionado; não vamos nos meter em uma encrenca maior do que somos capazes de resolver.

ACF Tem uma questão que vale destacar sobre o painel treliçado de concreto que utilizamos em nossas obras. O que a gente conhece e existe no mercado da pré-fabricação? Casas de madeira, por que essas casas de madeira não se multiplicam? Percebemos que tem uma questão de resistência à aceitação desse material, uma questão cultural. Isso nos levou a estudar o painel de concreto, que passa a imagem de resistência e robustez. Mas, na realidade, não é pesado quando esse painel, mesmo que duplo, for oco. A estrutura é aliviada até a fundação, toda ela fica mais leve, econômica e rápida.

ANF O Bar Mundial, que é nosso primeiro projeto a usar o painel de concreto como vedação, entra nesse tema porque o terreno era alugado, então a obra tinha de ser rápida. O Estúdio Madalena veio logo em seguida porque o cliente tinha um terreno perto e viu a obra do Mundial acontecer, ficou encantado. Daí pediu o projeto com o mesmo sistema construtivo.

AB Ele viu como era rápido e limpo?

ANF Exato. Ele tinha um projeto pronto para construir e resolveu mudar tudo. Nos pediu um edifício com sistema construtivo similar.

ACF Inclusive a fundação, que ele tinha iniciado, foi interrompida.

ANF Qual foi o desafio no Estúdio Madalena? O cara tinha um teto de orçamento e a gente queria usar a estrutura metálica, que parecia fazer mais sentido ali. Esse limite fez com que a gente tivesse de deixar o edifício leve, a estrutura tinha de ser mínima. Por isso fizemos um embasamento convencional, uma coisa tectônica mais resistente, como um embasamento que constitui o chão, e depois o outro programa, separado, nessa caixinha. Aí a laje era oca, para tornar ainda mais leve. Fazendo estudos, nós pensamos: "bom, essa vedação do painel é tão resistente que, se for colocada na horizontal, vai aguentar, vai vencer o vão". Foi tudo empírico. Só depois fizemos a verificação de carga com o fornecedor.

ACF Empregamos o painel treliçado duplo, que é o que os construtores usam para muros de arrimo, na posição horizontal. Eles usam como fôrma junto ao estaqueamento metálico, preenchendo-o de concreto.

PB Já existe esse produto, só que não como vedação ou laje oca.

ANF Após a verificação de carga, com o engenheiro do fornecedor dos painéis, fizemos uma simulação na fábrica. Colocamos algumas peças montadas como uma laje e pedimos para os funcionários subirem, pularem. Testamos, colocamos mais peso, e o resultado foi ótimo. No cálculo já apontava 300 kg/m² – que ali era mais que o suficiente.

ACF Todo mundo pulou!

ANF Essa é a principal memória de cálculo.

ACF Começamos utilizando os painéis duplos, como são empregados em muros de arrimo, mas depois passamos a separá-los, para ficar ainda mais leve para o manuseio, no caso das vedações de parede. Antes, precisávamos de um caminhão munck, como no Estúdio Madalena, onde nós contratamos para transporte e montagem das peças duplas, tanto das paredes como das lajes de piso, onde o painel duplo e oco ficava visível por baixo – teto – e também por cima – piso.

LM Esse painel de treliça colocado na vertical como fechamento é uma espécie de subversão construtiva. Há outras?

ANF Há outros desejos.

PB Estamos desenvolvendo alguns estudos iniciais com placas cimentícias.

ACF Houve uma tentativa de fazer o painel, produzi-lo.

ANF Para a residência Bercaire, em Prumirim, a fôrma foi executada por nós. Desenvolvemos um detalhe nessa fôrma, que faz o contato entre as placas.

ACF A casa Serra Azul já foi inteira construída com painéis produzidos a partir de nossas fôrmas.

ANF Falta uma demanda em larga escala para continuarmos. O valor é equivalente, mas o esforço, muito grande. Trabalhar com a indústria é sempre melhor. Enquanto você não tiver uma demanda, não dá pra fazer de modo independente. Não faz sentido.

ACF O sistema construtivo, por outro lado, pode ser replicado. Usamos no projeto do concurso de moradia da Unifesp de São José dos Campos e de Osasco.

AB E no centro cultural de Paraty também.

LM Não se pode dizer que há, nesses exemplos, exatamente a ideia de projeto de sistema ou da arquitetura como montagem, onde poucas unidades iguais, peças pré-fabricadas, possam atender a uma enorme gama de programas através de suas múltiplas associações. Há ainda o desejo de se manter certa organicidade, um gosto pelo empirismo, pelo inacabado, há muito desenho, talvez se possa dizer que não há demasiada contenção formal, aquela coisa da temperatura que você estava falando. Então, a dissonância é essa.

ANF Tem uma imagem do Bar Mundial em que eu percebi a beleza dessa "precariedade". É uma foto da fachada. No início [do projeto], começamos a desenhar um volume pré-fabricado, daí imaginamos uma obra asséptica, homogênea, impecável, padronizada... e isso seria um desastre, aquela coisa suíça! O Leonardo Finotti notou isso ao fotografar a fachada pela lateral da rua. O que mais aparece é a irregularidade do concreto, a sombra, que vai surgindo nos encontros das peças. É a coisa mais bonita que pode haver nessa lógica, mesmo com todo o rigor geométrico das fôrmas, o erro aparece. E o erro aqui é muito bem-vindo. Ou, como a Lina dizia, "é a mão do operário que fez".

AB Nesse raciocínio tem a experiência de vocês com a Brasil Arquitetura.

ANF Quando eu falo da temperatura, da textura – que eu demorei para gostar –, lembro, sim, do meu tempo na Brasil. Eu saí da escola muito asséptico, aí eles vinham com umas soluções que me deixavam pensativo, "será?". Hoje eu percebo que tem coisa que só entendemos com o tempo, a leveza está na precariedade também, é um pouco do acaso, não se pode planejar tudo. Lembra (dirigindo-se ao Pedro) de quando eles (Marcelo e Chico) foram ensinar os caras a pintar o bairro Amarelo, em Berlim? Ensiná-los a fazer cal?

PB Claro!

ANF Os alemães já estavam quase passando a régua, aí veio a orientação: "É para pintar de qualquer jeito", mas os caras não conseguiam... era muito irregular para a lógica de lá.

PB A gente começou a fazer o ensaio para um sistema de pré-fabricação mais simples, vamos dizer assim, a partir de um módulo estrutural de madeira, com o fechamento em painel de cimento e vidro. Um sistema que parta de um módulo de cinco por cinco, com pequenas variações de abertura, que pode ser replicado e usado para fazer praticamente qualquer projeto residencial. Mas o problema é que, quando chega o terreno e chegam as demandas do cliente, a gente não consegue fazer uma forma tão engessada como um contêiner, pois sempre vai haver uma exceção, um volume que solta do outro, uma interferência da condição do terreno. Nossos projetos são muito vinculados aos terrenos de onde eles partem, de onde eles nascem. O Estúdio Madalena só podia estar naquele terreninho ali, a casa Juranda mais ainda. A tal "boa condição da cidade", se está perto de uma praça, ou se está em uma esquina. O Bar Mundial tem aquele desenho porque está na esquina e na rua lateral passa pouco carro, então poderia existir uma varanda.

LM Há um engajamento social, político nessa prática, uma espécie de pauta ambiental de se construir com menos recursos, verificar aproveitamento, ou simplesmente se trata de maior ênfase técnica?

ANF É um pouco das duas coisas, mas, desde o início, o Pedro e a Acácia devem lembrar bem, quando a gente começou com essa história, chegamos a falar sobre o desejo de desenvolver um sistema que pudesse se desdobrar na habitação social.

LM Sim, tem potência para isso.

ANF Ser acessível para todas as classes sociais. Ainda não conseguimos aplicar em escala da habitação social ou em qualquer programa ligado ao alcance popular.

AB Se houvesse um programa da envergadura do Minha Casa Minha vida, mas comprometido em alavancar a pré-fabricação ou em transformar as relações no canteiro, isso seria um caminho...

ANF Seria, porque é possível construir no local do canteiro, transformando-o. Uma pré-fabricação artesanal. Quem viaja? Isso a gente também discutiu, se tiver que fazer essa construção na Bahia, é a fôrma que vai para lá. A mão de obra tem que ser a do local.

LM Tem uma racionalidade, mas ela não depende totalmente da indústria.

ANF Não, é a fôrma que vai, porque a matéria-prima está no Brasil inteiro. Na verdade, é um modo de pensar a construção. Se não é o concreto, é o aço, a madeira, o barro... sei lá. Temos que ser inquietos em relação aos desafios.

LM E poderia não ser a solução única para o país, mas poderia resolver certo tipo de unidades, observando custos predeterminados. Há espaço para uma política pública com um programa habitacional assim.

ANF Claro que, em determinadas escalas de instituições, não vai se aplicar, não adianta oferecer para a FDE, já existe um padrão lá. Ou para o Sesc. Agora, as grandes construtoras não querem nem olhar para isso, pois certamente não dará o mesmo lucro.

AB A irracionalidade persiste rentável.

ANF Exatamente.

ACF Falando de custos – e o que interessa para construção civil é isso –, a gente sempre é questionado sobre o custo das nossas casas de concreto. E fomos percebendo que uma casa de sistema construtivo convencional, feita de bloco revestido, custa o mesmo preço que a nossa, que é de concreto, aço e madeira aparentes.

ANF Porque tem uma racionalidade dentro dessa precariedade. Esse é o fiel da balança. Então, quando vai para outro caminho, mexe com esse sistema que já está enraizado.

LM Valorizar a mão de obra e tentar economizar no material foge da lógica do mercado.

AB Então vem o reboco, vai escondendo as imperfeições, as irracionalidades.

ACF É "acertar na massa", como dizem. Numa obra convencional, o operário pode passar vários dias fazendo massa de reboco pra corrigir um prumo, mas o valor que pagam pela diária dele é tão baixo que a margem de lucro não é afetada. Nas nossas construções pré-fabricadas, a instalação elétrica, por exemplo, é sempre aparente, o material e a mão de obra são mais caros, mas resulta numa execução super-rigorosa.

ANF O cara que for instalar tem que ser bom tecnicamente. A gente tem um parceiro, um eletricista, as instalações que ele faz deveriam ficar sempre aparentes de tão precisas. Temos que valorizar esses caras que professam um ofício. É uma coisa que a gente sempre fala, a arquitetura também é um ofício.

LM Essa prática de se construir a própria obra, no caso de vocês, leva à simplificação das estruturas, leva à redução das tentações iconográficas? Há uma redução dos jogos linguísticos, a imagem, enfim, volta a ter menos importância?

ANF A imagem na atualidade, na era digital, se sobrepõe tanto à lógica construtiva que muitas vezes são feitos esforços enormes para alcançar soluções que não têm, de fato, importância espacial. Nada contra o avanço da tecnologia para vencer grandes vãos. Mas será que isso tem de se aplicar sempre? Será que as coisas não podem ser resolvidas de forma mais singela?

AB Nessa busca de vocês da simplificação das estruturas, pequenos vãos etc., a variedade dos elementos de fechamento – opacos, transparentes – adquire importância.

LM Sem ser um jogo linguístico.

AB Ou meramente compositivo.

ANF Sim, isso está atrelado ao sistema construtivo.

AB Na casa Serra Azul, dentro e fora, cheio e vazio variam de uma maneira muito rica.

ACF Isso é uma consequência do sistema construtivo, aliado a uma questão de custo. O tempo todo a gente vai na obra, volta para o projeto e para a planilha de custo. Antes os clientes chegavam ao final do projeto executivo e diziam: "Será que já dá para soltar uma planilha de custo?". Agora não, as pessoas nos procuram e pedem: "Eu quero uma casa de tantos metros, quanto vai custar?".

LM O ideal cede lugar ao possível.

ANF A gente tem um compromisso com o cliente. É uma parte importante da vida dele que está em jogo, temos essa responsabilidade.

ACF Estamos em contato direto com todos os fornecedores. Temos esse *feedback* do mercado, o tempo todo.

LM Essa ênfase tectônica, por enquanto, na obra de vocês é mais notável nas construções de pequena escala, nas casas, no Estúdio Madalena, mas é mais rara nas de grande escala, aparecendo no centro cultural de Paraty, que não foi construído, e nem tanto no Sesc Franca, por exemplo. Então, se por um lado é possível ler produções distintas em função da diferença de escalas, por outro é possível perceber que os êxitos da pequena escala vão sendo experimentados nas grandes obras. O modo de desenvolvimento do projeto executivo e da própria execução da obra interfere nisso? É preciso ir mais para o canteiro e tomar as decisões lá, como a Lina e sua equipe faziam no Sesc Pompeia?

ANF Eu acho que não levamos para as grandes obras porque nós não somos os atores principais nelas. Temos, como qualquer arquiteto, uma condição muito secundária nesses casos. Ou seja, a experimentação alcança um limite, um freio que cada vez mais se torna rigoroso e normativo. Por outro lado, em boa parte das obras desse porte, tivemos a oportunidade de fazê-las em parcerias com outros colegas, e isso é uma coisa muito enriquecedora. E deve ser sempre uma ação democrática, já fizemos concurso com você, Luciano, com o H+F, com a Brasil Arquitetura, com o Guilherme Paoliello, e cada projeto acaba por ter linguagens distintas, porque é o momento de uma ação democrática, de trocas e aprendizados. Se não escutar o outro, você é impermeável.

PB Tem isso, mas acho que, de fato, tiramos um pouco o pé nessas nossas experimentações, porque não passariam.

ACF A gente não vai fazer parte do processo construtivo de uma licitação pública.

LM O centro cultural de Paraty é lindo.

ANF Sim, mas a gente sabia que a chance de aquilo virar obra com o nosso sistema construtivo era mínima, ia ser feito de bloquinho...

LM Uma impossibilidade que vocês reconhecem?

ANF A gente reconhece.

LM Mas é possível descobrir outros filões, como estávamos falando, ressonâncias?

ANF Somos uma espécie de metamorfose. É inegável, por exemplo, que a convivência com o SIAA tenha nos influenciado também.

AB Olhando para o conjunto da produção de vocês, notamos uma continuidade entre dentro e fora, entre o que é o espaço coletivo da sala e o que é o exterior, com supressão dos corredores e circulações confinadas. Seria um posicionamento em favor da vida coletiva? Parece haver uma disposição em favor de espaços fluidos, sem barreiras e que evocam uma urbanidade. No Estúdio Madalena, a intenção de abrir para a cidade é incontornável.

PB Acho que, quando fazemos projetos públicos em maior escala, tentamos na medida do possível sempre diluir essa fronteira entre o espaço daquela instituição e a cidade. O Parque Dourado é uma escola que não tem muro, fizemos a separação com talude, que se abre numa praça. O centro cultural em Paraty não tem frente, não tem fundo, nem lateral, são quatro fachadas abertas, com a circulação livre.

ACF Um térreo com muita permeabilidade.

PB Agora estamos desenvolvendo um projeto para o Fluminense, nele o partido é abrir o clube para a avenida. Para esses projetos, sempre buscamos criar uma situação urbana que permita uma praça de acesso, aberta, sem muro, sem grade, e nas residências surge essa fluidez do jardim para dentro de casa ou da casa para o jardim.

ANF Em obra pública há esse desafio, da relação com a cidade. Como você faz isso em uma casa em um condomínio? Como você leva esse tema para a pequena escala? Porque no fundo é a mesma coisa, a matéria-prima é o espaço, essa é a matéria-prima da arquitetura, o espaço, a luz, a sombra, mas fundamentalmente o espaço. Então, a ideia de, em uma pequena escala, criar a mesma atmosfera ou a mesma emoção que se causa em uma cidade bem desenhada, ou em um equipamento público bem desenhado, é uma busca. Por que a casa tem de ser convencionalmente fechada em si mesma? Por que eu não posso criar uma história? É como escrever um livro, cada um conta de um jeito, mas por que eu não posso criar e imaginar aquele espaço ali e criar um jeito de viver, que não seja necessariamente convencional? Na casa Serra Azul ocorreu essa discussão, apresentamos aos clientes, explicamos que não se tratava de uma casa convencional, mas que, se eles quisessem, a circulação, os quartos, a cozinha, tudo seria fechado, dá para fazer, porém, em nossa visão, era interessante provocar essa situação em que você sai do quarto e passa pela varanda, essa potência que é viver no Brasil, que você não poderia fazer na Europa. E eles entenderam.

LM Uma última colocação: o mobiliário, como parte da produção do escritório, tem uma identidade, uma maneira própria de se fazer?

ANF O mobiliário surge a partir da decupagem do que é o projeto, do que é o espaço. Quando a gente olha para o mobiliário que o Paulo Mendes da Rocha e o MMBB, que a Lina Bardi fez no Sesc, tem uma ligação com o lugar.

LM Móvel como arquitetura.

AB No Sesc 24 de Maio é impossível desassociar o andar do café do mobiliário que o ambienta.

ANF Sim, o espaço não teria o mesmo peso sem ele. O mobiliário é a pormenorização dessa história, é consequência dessa reflexão, é assim que nós vemos. A gente não sai desenhando uma cadeira, a cadeira vem depois de o projeto do edifício já estar desenvolvido. É a história, por exemplo, da cadeira do Bar Mundial. Lá, partimos da cadeira mais banal, aquela de colégio, e extraímos o que mais nos interessava em relação às formas de assento e encosto. Desenhamos outra estrutura de apoio – metálica – e fizemos as formas mais finas e duplas, com espuma e couro sintético. No Bar Mundial e no Estúdio Madalena a gente teve muita liberdade para aproveitar o que sobrava na obra.

ACF Executamos tudo, bancadas, bancos.

LM Lembro da música da Marisa Monte com Carlinhos Brown e Arnaldo Antunes, é um infinito particular.

AB O móvel nesse contexto parece revisitar, mais uma vez, a relação projeto-canteiro tão própria de vocês.

ANF No Estúdio Madalena haviam sobrado quatro placas de concreto.

ACF E perfil laminado.

ANF Virou banco!

FICHAS TÉCNICAS

Sesc Franca (p. 20)
Local Franca, SP
Escritórios Apiacás + SIAA
Ano de projeto 2013
Ano de início da obra 2019
Área do terreno 20.000 m²
Autores Anderson Freitas, Bruno Salvador e Cesar Shundi
Colaboradores concurso
Acácia Furuya, Alexandre Gervásio, Ana Julia Chiozza, Andrei Barbosa, Barbara Francelin, Carlos Ferrata, Daniel Constante, Daniela Andrade, Fábio Garrafoli, Fabio Teruia, Francisco Veloso, Henrique Costa, Lorran Siqueira, Luca Caiaffa, Maíra Barros, Marcelo Otsuka, Maria Wolf, Pedro Barros, Pedro Paredes, Rafael Carvalho, Rafael Goffinet, Vitor Costa
Colaboradores executivo
Acácia Furuya, Artur Lacerda, Andrei Barbosa, Bárbara Francelin, Bettina Mendieta Reis, Beatriz Oliveira Paiva, Carolina Halpern Cuckier, Cecília Torrez, Fernanda Britto Felipe dos Santos, Gabriela da Silva Pinto, Gabriela Galuppo Parisi, Gabriela Pini, Isabella Caramuru, Julia Simas de Araujo Moreira, Leonardo Nakaoka Nakandakari, Matheus de Paula D'Almeida, Marcelo Otsuka, Maressa Freitas Burger, Nathan Montanari, Pedro Petry Franceschini Freire, Pedro Barros, Rafael Carvalho, Rodrigo Mendoza, Thiago Andrello Magalhães Azevedo, Viviane Baldi.
Conforto acústico
Harmonia Acústica
Conforto térmico Ambiental
Cenotecnia Acústica & Sônica AVM
Automação Bettoni
Ar-Condicionado Climaplan
Consultoria LEED CTE
Consultoria PROCEL Sustentech
Consultoria em odontologia
Simone Carvalho
Consultoria em fluxo de veículos M2
Projeto técnico de cozinhas
Nucleora
Drenagem Steinsolos
Instalações hidráulicas e elétricas
MBM Engenharia
Esquadrias ArqMate
Estruturas Kurkdjian Fruchtengarten Engenharia
Fundações e terraplenagem
MAG Projesolos
Impermeabilização Proassp
Luminotécnica Franco Associados
Paisagismo CAP - Consultoria Ambiental e Paisagística
Pisos de concreto Monobeton
Transporte vertical Empro
Gerência Sesc de Engenharia e infraestrutura
Amílcar João Gay Filho, Bruna Hitos, Grisiele Cezarete, Mariana Mourão, Allan Carlos de Oliveira Santos, Antônio Fernando C. Correa, Alexandre Francisco da Silva
Coordenação Sesc Luciano Ranieri, Grisiele Cezarete, Bruna Hitos, Mariana Mourão, Alexandre Francisco da Silva
Assessoria técnica e Planejamento Sesc Luciano Ranieri, Sérgio José Battistelli
Maquetes físicas Gustavo Cavalcanti Kawahigashi, Henrique Costa, Luca Caiaffa, Nilton Suenaga

Sesc Governador Valadares (p. 28)
Local Governador Valadares, MG
Ano de projeto 2022
Área do terreno 6.300 m²
Área construída 9.120 m²
Autores Acácia Furuya, Anderson Freitas e Pedro Barros
Colaboradores Augusto Salzano, Beatriz Paiva, Bettina Mendieta, Caio Altman Isabella Caramuru, Karina Rebello, Gabriela da Silva Pinto, Geysisvanda Mendes, Juliana de Araújo Antunes, Julia Moreno Villaça, Ronnie Almeida, Maria Paula Simonsen, Marina Saboya, Nathan Montanari, Viviane Baldi, Yona Toledo

E. E. Parque Dourado V (p. 38)
Local Ferraz de Vasconcelos, SP
Ano de projeto 2006
Ano de construção 2008
Área do terreno 5.044 m²
Área construída 3.412 m²
Autores Anderson Freitas e Pedro Amando de Barros
Equipe Apiacás
Acácia Furuya, Ana Claudia Massei, Carolina Klocker, Mario Tavares Moura Filho, Luis Fernando Correa Oliveira e Pedro Mauger
Estrutura Catuta Engenharia
Instalações Sandretec Consultoria S/C Ltda
Construção Lopes Kalil Engenharia e Comércio Ltda.
Fundações Cepollina Engenheiros Consultores
Painel Artístico
Giancarlo Latorraca, Paulo von Poser

Casa Juranda (p. 46)
Local São Paulo, SP
Ano de projeto 2006
Ano de construção 2008
Área do terreno 150 m²
Área construída 150 m²
Autores Anderson Freitas e Juliana de Araújo Antunes
Colaboradores: Acácia Furuya, Bibiana Ferreira, Pedro Mauger
Estrutura Eng. Maria de Lourdes Mesquita
Instalação elétrica e hidráulica
Ramoska e Castellani Projetistas Associados Ltda
Luminotécnica
Ricardo Heder – Reka iluminação

Bar Mundial (p. 54)
Local São Paulo, SP
Ano de projeto 2012
Ano de construção 2013
Área do terreno 300 m²
Área construída 300 m²
Autores Acácia Furuya, Anderson Freitas e Pedro Barros
Colaboradores Accácio Mello, Bárbara Francelin, Daniela Santana, Fábio Teruia, Francisco Veloso, Gabriela Campos, Leonar Vaz Pinto, Marcelo Otsuka, Maria Wolf, Otávio Filho, Pedro Paredes
Estrutura LL Estruturas
Instalação elétrica
Mitaros Engenharia
Instalação hidráulica SB
Luminotécnica Lux projetos
Comunicação visual
Rafic Farah - São Paulo Criação
Gerenciamento de obra
Apiacás Construção
Construtora DJA Reformas
Estrutura metálica
Serralheria Colombo
Equipamentos cozinha
Berta Cozinhas Industriais
Sonorização Fine Sound
Climatização Paulo Ar

Estúdio Madalena (p. 64)
Local São Paulo, SP
Ano de projeto 2013
Ano de construção 2014
Área do terreno 305 m²
Área construída 280 m²
Autores Acácia Furuya, Anderson Freitas e Pedro Barros
Colaboradores Adriana Domingues, Ana Julia Chiozza, Bárbara Francelin, Daniela Santana, Felipe Zorlini, Francisco Veloso, Gabriela Moura Campos, João Ferraz, Leonor Vaz

Pinto, Lorran Siqueira, Maria Wolf, Marcelo Otsuka, Matheus D'Almeida, Vitor Silva da Costa
Fundações VWF Fundações
Estrutura metálica CCT Engenharia e Serralheria Colombo
Gerenciamento Apiacás Arquitetos
Construtora DJA Reformas

Centro Cultural (p. 74)
Local Paraty, RJ
Ano de projeto 2014
Área do terreno 15.000 m²
Área construída 14.600 m²
Autores Acácia Furuya, Anderson Freitas e Pedro Barros
Colaboradores Accacio Mello, Adriana Domingues, Ana Julia Chiozza, Bárbara Francelin, Daniela Santana, Felipe Zorlini, Francisco Veloso, Gabriela Moura Campos, Guilherme Pardini, Leonor Dunões, Leonor Vaz Pinto, Marcelo Otsuka, Maria Wolf, Matheus D'Almeida, Renato Kannebley, Vitor Silva da Costa

---

Casa Serra Azul (p. 82)
Local Itupeva, São Paulo
Ano de projeto 2018
Ano de construção 2022
Área do terreno 1.500 m²
Área construída 475 m²
Autores Acácia Furuya, Anderson Freitas e Pedro Barros
Colaboradores
Bárbara Francelin, Felipe Santos, Júlia Moreira, Marcelo Otsuka, Pedro Mendonça, Pedro Petry, Thiago Andrello Magalhães Azevedo
Projetos complementares
Paisagismo Marina Smit
Fundações Nomura Engenharia
Projeto estrutura Nomura
Luminotécnica Reka Iluminação
Projeto Instalações elétricas Ramoska & Castellani Instalações
Execução elétrica Francisco Viana
Projeto instalações hidráulicas Ramoska & Castellani
Execução instalações Hidráulicas RDA
Placas cimentícias Infibra
Impermeabilização Impercom
Piso concreto Speedmix
Marcenaria Marcenaria Barbosa
Marmoraria Chico Marmoraria
Caixilhos Colombo Esquadrias
Iluminação Reka Iluminação
Piso de madeira Pau Pau
Revestimentos Jatobá Pastilhas
Paisagismo e irrigação Gardenland
Aquecimento Edu Aquecedores
Mobiliário Estudio Bola
Gerenciamento de obra Aimberê Construção
Execução estrutura JR Santana Construção

Fluminense Football Club (p. 90)
Local Rio de Janeiro, RJ
Ano de projeto 2022
Área do terreno 47.000 m²
Área construída 18.000 m²
Autores Acácia Furuya, Anderson Freitas e Pedro Barros
Colaboradores Augusto Salzano, Beatriz Paiva, Bettina Mendieta, Caio Altman, Isabella Caramuru, Karina Rebello, Gabriela da Silva Pinto, Geysisvanda Mendes, Juliana de Araújo Antunes, Pedro Cotrim, Ronnie Almeida, Maria Paula Simonsen, Marina Saboya, Nathan Montanari, Viviane Baldi, Yona Toledo
Consultoria Ciro Felice Pirondi
Pesquisa histórica Olívia Mafaltti Buscariolli
Estrutura Encopetro Engenharia

Colaboradores Apiacás arquitetos 2000 - 2022

Associados Acácia Furuya (2010-atual), Anderson Freitas (2000-atual), Pedro Amando de Barros (2000-atual), Giancarlo Latorraca (2000-2010)

Colaboradores Acácia Furuya, Accacio Mello, Adriana Andreotta Cavagna, Albert Camps, Annamaria Binazzi, Amanda Fernandes Domingues, Aprovada, Ana Claudia Massei, Ana Julia Chiozza, Analu Garcia, André Silva Oliveira, Andrei Barbosa, Adriana Galvanese Domingues, Artur Ferreira Lacerda, Augusto Salzano, Avelina Antonia Moscoso Larreamendy, Bárbara Maria Francelin, Beatriz Nakagawa Matuck, Beatriz Oliveira Paiva, Beatriz Vanzolini Moretti, Bettina Mendieta Reis, Bibiana Ferreira, Bruna Moraes, Bruno Machado Layus, Bruno Salvador, Caio Altman, Caio Tritto, Carlos Amorim, Carolina de Arruda Botelho Klocker, Carolina Halpern Cukier, Carolina Nobiling, Carlina Passos de Oliveira, Caroline Brandão Endo, Cecília Torrez, Chloé Morin, Cibele Mion do Nascimento, Cristiana Vieira Machado, Cristiano Sidoti, Daniela Santana Andrade, Estela Roca, Fabio Hideki Teruia, Fernanda Britto Felipe dos Santos, Felipe Sanches Zorlini, Felipe dos Santos, Florence Weyten, Francisca Grancha Veloso, Gabriel Esteves Ribeiro, Gabriela Baraúna Uchida, Gabriela da Silva Pinto, Gabriela Galuppo Parisi, Gabriela Pini, Gabriela Rocha de Moura Campos, Geysisvanda Mendes, Glauco Pregnolatto Mendes, Gleuson Pinheiro Silva, Guilherme Pardini, Guilherme Ramalho, Igor Grasser, Isabella Caramuru, Isadora Santilli Neves, João Victor Navarrete, João Ferraz, Jorge Isaac Peren, Julia Daudén, Julia Borges Alves, Julia Moreno Villaça, Julia Pinheiro Ribeiro, Julia Simas de Araujo Moreira, Juliana de Araújo Antunes, Julia Masagão, Karina de Castro Rezende Rebello, Karolina Carloni, Laura Santos Borelli, Lauro Rocha, Leandro Solovjovas, Leonardo Nakaoka Nakandakari, Leonor Bicho Duarte Vaz Pinto, Leonor Dunões, Lorran Soares de Siqueira, Luan Carone Martinelli, Luciana Meili, Luis Fernando Correa de Oliveira, Maíra de Camargo Barros, Marcela Lino, Marcelo Otsuka, Maressa Freitas Burger, Maria Livia Wolf de Toledo, Maria Paula Simonsen, Mariana Orlando Tredici, Mariana Santos, Mariane Alves Martins, Marina Ataguile Malagolini, Marina Pereira Secaf, Marina Saboya, Mario Tavares Moura Filho, Matheus de Paula D'Almeida, Mayara Christy, Nana Blanaru, Nathan Montanari, Oliver Paes de Luccia, Otavio Pereira de Magalhães Filho, Paloma Riwczes Mecozzi, Paula Lago Pereira, Pedro Cassiano de Mendonça, Pedro Cotrim, Pedro de Gusmão Mauger, Pedro Ivo Cordeiro Freire, Pedro Paredes, Pedro Petry Franceschini Freire, Pedro Vada, Rafael Carvalho, Raphael Sales Nogueira, Renato Kannebley, Rodrigo Mendes de Souza, Rodrigo Mendoza Diaz, Rodrigo Mendes de Souza, Ronnie Almeida, Rosana Vieira Sbruzzi, Sarah Correa Bento, Thainá Guerrero, Thais Teles Pimenta, Tiago Junqueira, Tiago Kuniyoshi, Thiago Andrello Magalhães Azevedo, Tiago M. Kuniyoshi, Ugo Breyton Silva, Victor Isawa, Victor Rosa Gouvea, Vitor Silva da Costa, Viviane Baldi, Yona Toledo, Yuri de Oliveira Faustinoni.

Organização
Alexandre Benoit

Texto crítico
Rosa Artigas

Depoimento
Ciro Pirondi

Entrevista
Alexandre Benoit e Luciano Margotto

Projeto gráfico e diagramação
Núcleo de Design Escola da Cidade

Fotos
Capa: Leonardo Finotti (Bar Mundial, São Paulo, SP, 2013)
Massimo Failutti: p. 2, 17(2), 18
Leonardo Finotti: p. 4, 17(1), 55, 58, 60,
61, 62, 65, 70, 71, 72, 73, 98
Alessandro Kusuki: p. 8-9, 21, 22-23, 25,
26, 27, 47, 48-49, 52, 53, 83, 86, 87, 88-89
Fran Parente: p. 39, 41, 44, 45
Acervo Flu-Memória: p. 91
Foto de domínio público, digitalização de imagem
Flu-Memória. Imagem gentilmente cedida pelo
Fluminense Football Club.

Modelo eletrônico
Apiacás: p. 29, 31, 36-7, 75, 79, 92, 93

Desenhos
Apiacás

Assistente de organização
Gabriela da Silva Pinto

Revisão
Otacílio Nunes
Elba Elisa Oliveira

Produção gráfica
Antonio Carlos Amorim

Dados Internacionais de Catalogação
na Publicação — CIP

Coleção arquitetos da cidade: Apiacás.../
Organizado por Alexandre Benoit. —
São Paulo: Editora Escola da Cidade,
Edições Sesc SP, 2023.
112 p.: il. (Arquitetos da Cidade; v. 4).

ISBN Editora Escola da Cidade 978-65-86368-32-1
ISBN Edições Sesc SP 978-85-9493-276-1

1. Arquitetura Contemporânea . 2. Apiacás.
3. Arquitetura Brasileira. I Título.

CDD 720

Catalogação elaborada por Denise Souza
CRB 8/9742

Serviço Social do Comércio
Administração Regional
no Estado de São Paulo

Presidente do Conselho Regional
Abram Szajman

Diretor Regional
Danilo Santos de Miranda

Conselho Editorial
Áurea Leszczynski Vieira Gonçalves
Rosana Paulo da Cunha
Marta Raquel Colabone
Jackson Andrade de Matos

Edições Sesc São Paulo
Gerente Iã Paulo Ribeiro
Gerente Adjunto Francis Manzoni
Editorial Cristianne Lameirinha
Assistente: Antonio Carlos Vilela
Produção Gráfica Fabio Pinotti
Assistente: Ricardo Kawazu

Edições Sesc São Paulo
Rua Serra da Bocaina, 570 – 11º andar
03174-000 – São Paulo SP Brasil
Tel.: 55 11 2607-9400
edicoes@sescsp.org.br
sescsp.org.br/edicoes
/edicoessescsp

escola da cidade

Associação Escola da Cidade
Alvaro Puntoni (Presidente)
Fernando Viégas (Presidente)
Marta Moreira (Presidente)
Cristiane Muniz (Diretora Conselho Escola)
Maira Rios (Diretora Conselho Escola)
Anália Amorim (Diretora Conselho Científico)
Marianna Boghosian Al Assal (Diretora Conselho Científico)
Guilherme Paoliello (Diretor Conselho Técnico)
Anderson Freitas (Diretor Conselho Ecossocioambiental)
Ciro Pirondi (Diretor Conselho Escola de Humanidades)
Denise Jardim (Diretora Conselho Escola de Humanidades)

Coordenação de Imagem e Comunicação
Alexandre Benoit

Editora Escola da Cidade
Luísa Telles
Thais Albuquerque
Bianca Marchiori

Núcleo de Design
Celso Longo
Daniel Trench
Gabriel Dutra
Lara Tchernobilsky
Valentina Yusta

**Colaboraram na produção
gráfica e editorial deste livro:**
Débora Filippini
Guilherme Pace
Laura Pappalardo

Associação Escola da Cidade
Faculdade de Arquitetura e Urbanismo
Rua General Jardim, 65 – Vila Buarque
01223-011 – São Paulo SP Brasil
Tel.: 55 11 3258-8108
editoradacidade@escoladacidade.edu.br
escoladacidade.edu.br/pesquisa/editora

Composto com Neue Haas Grotesk e Interlink
Impressão do miolo em papel Alta Alvura 120g/m²
Impressão da capa em cartão Supremo 250g/m²
Impresso pela gráfica Ipsis
1000 exemplares